DESCONSTRUINDO O *MINDSET* E CONSTRUINDO INOVAÇÃO

SOLANGE MATA MACHADO

DESCONSTRUINDO O *MINDSET* E CONSTRUINDO INOVAÇÃO

USANDO A NEUROCIÊNCIA PARA ALAVANCAR RESULTADOS

Publisher
Henrique José Branco Brazão Farinha
Editora
Cláudia Elissa Rondelli
Revisão
Ariadne Martins
Gabriele Fernandes
Diagramação
Vanúcia Santos
Capa
Bruno Ortega
Impressão
Renovagraf

Copyright ©2019 by Solange Mata Machado
Todos os direitos reservados à Editora Évora.
Rua Sergipe, 401 – Cj. 1.310 – Consolação
São Paulo – SP – CEP 01243-906
Telefone: (11) 3562-7814/3562-7815
Site: www.evora.com.br
E-mail: contato@editoraevora.com.br

DADOS INTERNACIONAIS DE CATALOGAÇÃO NA PUBLICAÇÃO (CIP)
DE ACORDO COM ISBD

M149d   Machado, Solange Mata

Desconstruindo o mindset e construindo inovação: usando a neurociência para alavancar resultados / Solange Mata Machado. - São Paulo : Évora, 2019.
120 p. ; 14cm x 21cm.

Inclui bibliografia e anexo.
ISBN: 978-85-8461-201-7

1. Neurociência. 2. Modelo mental. I. Título.

CDD 612.8
CDU 612.8

2019-830

Elaborado por Odilio Hilario Moreira Junior - CRB-8/9949

Índice para catálogo sistemático:
1. Neurociência 612.8
2. Neurociência 612.8

Na confusão, busca a simplicidade.
Da discórdia, busca a harmonia.
Na dificuldade, está a oportunidade.

ALBERT EINSTEIN

Sumário

Introdução 9

1. O cérebro para leigos 15
2. Como aprendemos e
   retemos informação 27
3. *Mindset*: afinal, o que é isso? 53
4. *Mindset* impacta a cultura
   organizacional? 75
5. *Mindset* para inovação 91
6. O que podemos concluir? 111
7. Bibliografia 116

Introdução

O novo século começou borbulhando de tecnologias. Os avanços tecnológicos refletiram em todas as áreas da ciência. A verdade é que estamos vivendo em um mundo para o qual não temos referências. O primeiro paradoxo que enfrentamos na virada do século foi o mundo ter ficado plano – segundo Friedman – e ao mesmo tempo não linear – sem previsibilidade. Na tecnologia, a capacidade de processamento de um microchip atual, comparado a um microchip produzido em 1971, teve um aumento de performance equivalente a 3500 vezes, sendo 90 mil vezes melhor em termos de economia de energia e 60 mil vezes mais barato. Se essa taxa de evolução fosse aplicada a um Volkswagen Fusca de 1971, ele andaria hoje a uma velocidade equivalente a 483 mil quilômetros por hora, faria 1 milhão de quilômetros por litro de gasolina, custaria quatro centavos de dólar e usaria apenas um tanque de gasolina durante toda a sua vida útil. Esse exemplo é só para dar risada!

A capacidade de adaptação da sociedade, de maneira geral, acompanhou os avanços tecnológicos do mundo linear, porém a capacidade de adaptação no mundo não linear não acompanha mais essa evolução. Em média uma mudança tecnológica leva de cinco a sete anos para entrar no mercado. Contudo, levaria de dez a quinze anos para ser adaptada na sociedade moderna dentro dos âmbitos social, econômico e político. A simples conta matemática mostra que temos uma defasagem de cinco a sete anos a cada salto tecnológico, que está cada dia mais rápido.

Como as empresas estão reagindo aos saltos tecnológicos? Criando novas soluções? Ou simplesmente continuam fazendo mais do mesmo? A pesquisa da Deloitte (2017) indica que a produtividade nos negócios está crescendo menos que o avanço tecnológico. Inovação é a resposta? O que está realmente acontecendo dentro das empresas? As pessoas estão percebendo as mudanças? Ou simplesmente arrumam desculpas para justificar a incapacidade de acompanhar a transformação do lado de fora das organizações?

Um exemplo desse descompasso é o contínuo desaparecimento de grandes empresas criadas no século XX. Segundo a revista *Fortune*, somente 12% das empresas listadas no Fortune 500 desde 1955 ainda continuam ativas. Em 2016, 26% dessas empresas desapareceram. Conforme a Deloitte (2017), a forma como os negócios estão organizados e estruturados e com que desenvolvem as pessoas nas organizações é o ponto central da discussão. Pode-se deduzir por essa afirmação que as pessoas estão desalinhadas com as mudanças externas. Exatamente o comentário que Friedman (2016) fez quando entrevistou o CEO da Alphabet, a divisão X do Google. "A tecnologia avança exponencialmente enquanto a capacidade adaptativa do ser humano avança linearmente." Será que é possível reverter esse quadro, mudar o *mindset* das pessoas? Podemos acelerar a capacidade adaptativa de cada um?

Conhecimento e aprendizado estão na base da digitalização tecnológica, tanto que 83% dos executivos que responderam à pesquisa da Deloitte (2017) afirmaram que o aprendizado contínuo é um fator essencial para a transformação.

Neurologicamente, aprender dói! Mudar dói! Pensar diferente dói! É mais fácil falar sobre mudanças do que fazê-las. Evoluímos com um cérebro baseado na economia de energia. Usamos os aprendizados do passado como fonte primária de resposta para os desafios atuais, mas eles funcionavam como resposta no século XX. Hoje, não funcionam mais! Pensar diferente e inovar não é fácil. Requer esforço, disciplina e muita energia para criar novos aprendizados. Por isso dói. Os resultados da inovação, independente da metodologia ou dos processos utilizados, são muito aquém do esperado. Em 2014, desenvolvi um processo de inovação dentro de uma montadora europeia que envolveu cerca de 350 líderes. O objetivo era ajudar os líderes a pensarem diferente – mudar o *mindset*. Foram formados 81 times multifuncionais que criaram 81 novos conceitos para desafios operacionais ou desafios relacionados com a geração de valor para os consumidores. Desses 81 projetos, 75 foram melhorias de processos existentes. Sem dúvida, isso gerou valor principalmente para a empresa em termos de redução de custo, maximização de recursos e otimização de processos. Porém, o pensamento continuava voltado para a produtividade na linha de montagem do carro. Mais do mesmo! Todo esse esforço de transformação para a geração de inovação durou mais de oito meses. Alguns líderes aprenderam a pensar diferente e mudaram. Todavia, a mensagem que veio da liderança do topo da empresa é de que esse movimento não era importante. Mudar não era prioridade, não naquele momento. O mais importante era vender mais carros! Hoje vemos a indústria automobilística correndo atrás da transformação. Porque o mercado está mudando rapidamente com a entrada dos aplicativos, dos carros elétricos, do compartilhamento e da transformação da força de trabalho. Mudança é sinônimo de esforço. Esforço significa reorientação de recursos, mercados, processos e valores. Significa mudança de *mindset* organizacional e pessoal.

Inovação requer dois tipos de *mindset*. O que entrega valor para o mercado atual e o que consegue antecipar o futuro e criar novos valores – novos negócios. Os dois tipos de *mindset* possuem algumas diferenças relevantes. O primeiro pode usar doses maiores do *mindset* fixo – crenças do passado. O segundo requer imaginação e abstração para criar o "novo" – mais *mindset* de crescimento, que é a capacidade de olhar para o presente enquanto se pensa no futuro. Inovação significa gerenciar e desenvolver diferentes *mindsets* para diferentes atividades. As organizações inovadoras são ambidestras quando elas conseguem *exploit* e *explore*. *Exploit* é a capacidade organizacional de focar a eficiência operacional, o "incrementalismo", criando melhorias contínuas para os negócios atuais. O *explore* busca novas oportunidades criando novos conhecimentos. O primeiro melhora e mantém o que se construiu no passado, enquanto o segundo olha para o futuro. É possível desenvolver essas duas capacidades simultaneamente? Como reconhecer pessoas que estão mais abertas ao *exploit* ou ao *explore*?

O mundo em transformação acelerada significa uma vida útil menor para os negócios. Quem não consegue se antecipar e se preparar acaba morrendo. Efeito Kodak! Essa antecipação precisa acontecer enquanto o negócio atual vai bem, porque é ele que deve custear a experimentação do futuro. Veja o exemplo da Blockbuster. Seus gestores acreditavam que seu modelo de negócio de aluguel de DVDs e CDs seria duradouro e não anteciparam os impactos do *streaming*. Reed Hastings, fundador da Netflix, experimentou o *streaming* com um grupo de usuários ao mesmo tempo que o modelo de negócio de envio de CDs e DVDs ia desaparecendo. Em 2007, a Netflix expandiu o seu negócio digital com uma enorme velocidade. Em três anos, a empresa já operava em 190 países, matando definitivamente a Blockbuster. Desenvolver novas competências leva tempo. Malcolm Gladwell, no seu livro *Blink*, menciona que são necessárias pelo menos 10 mil horas de prática. Então, como acelerar esse processo? É possível? Todos podem mudar *o mindset*? Quem está melhor preparado para fazer essa mudança? Os mais jovens têm mais facilidade?

Por que é tão difícil inovar? Quais são as barreiras que impedem as empresas de acelerarem a sua transformação? Nesse processo de investigação, esbarrei na neurociência. Fiquei intrigada desde meus primeiros contatos com essa ciência, pois entender como funciona a cognição humana ainda é um desafio. Aprendemos intensamente para sobreviver e criamos hábitos que nos aprisionam dentro de uma caixa, limitando a nossa capacidade de pensar e inovar. Nesse percurso, aprendi que a inteligência é uma capacidade ilimitada, assim como o talento. Ambas podem ser desenvolvidas e transformadas substancialmente. Mas, mesmo assim, as empresas continuam alegando que um dos grandes desafios é buscar talentos no mercado. Afinal, será que "talento" está sendo entendido corretamente? Quem possui *mindset* de crescimento tem a capacidade de desenvolver qualquer tipo de talento. Só precisa de tempo, disciplina e persistência!

Não é meu objetivo aprofundar as discussões na neurociência, já que sou uma aprendiz – não tenho 10 mil horas de voo! Pretendo aqui trazer reflexões que possam ajudar qualquer líder a identificar o seu *mindset* e a buscar o seu próprio caminho para se transformar. Ainda tenho mais perguntas do que respostas. Aliás, no mundo não linear sempre teremos muito mais perguntas do que respostas. Isso é positivo! Afinal, "[...] quando o mundo se achata e você se sente achatado – procure uma pá e cave dentro de si mesmo. Não tente construir muralhas" (FRIEDMAN, 2005, p. 310).

Este livro está organizado da seguinte forma: nos dois capítulos iniciais faço um breve resumo sobre o cérebro e a cognição humana. Nos três capítulos seguintes abordo a discussão sobre *mindset* sob o aspecto neurológico e trago reflexões acerca das pesquisas realizadas com empresas e indivíduos em relação ao impacto do *mindset* no desenvolvimento da inovação.

_ 1 _
O cérebro para leigos

Não conseguimos prever o futuro, mas somos capazes de ajudar a moldá-lo.
Ken Robinson

Existem evidências históricas de que o cérebro já era objeto de estudo desde os tempos do Egito Antigo, quando eram feitas as mumificações. Naquela época as práticas médicas relativas à anatomia humana eram baseadas no misticismo e na superstição. Porém, foi na Grécia Antiga que surgiram diferentes perspectivas do funcionamento do cérebro, pois, nessa sociedade, o corpo humano era considerado um elemento sagrado. Entre os séculos V e VI a.C. já se sabia que era no cérebro que a mente estava, e na mente era onde se encontravam as emoções e a capacidade de pensar. No século IV a.C. Aristóteles contradisse os conhecimentos correntes, colocando a inteligência no coração e o cérebro com a mera função de resfriar o sangue. No período do Império Romano novos avanços foram realizados com a identificação do cerebelo como a parte do cérebro que geria todos os músculos e na qual as sensações eram processadas.

Na Idade Média, Leonardo da Vinci e outros cientistas da época avançaram no conhecimento do cérebro dissecando cadáveres. Descartes trouxe a discussão do dualismo entre o cérebro e a mente e sugeriu que seria na glândula pineal que a mente interage com o corpo. Mas foi somente no século XVII que o neuroanatomista Thomas Willis, conhecido como o pai da neurociência, descreveu em detalhes a estrutura da base do cérebro, o cerebelo, os ventrículos e os hemisférios cerebrais.

A invenção e a propagação do uso do microscópio a partir do século XVII permitiriam a identificação dos neurônios como a unidade funcional do cérebro e tornaram os estudos mais sofisticados. No fim do século XIX, Emil du Bois-Reymond, Johannes Peter Müller e Hermann von Helmholtz demonstraram que os neurônios eram eletricamente excitados e que sua atividade interferia no estado elétrico dos neurônios adjacentes.

Foi no século XX que a neurociência passou a ser reconhecida dentro da academia, englobando diversas disciplinas. Na década de 1950, o Massachusetts Institute of Tehcnology (MIT) criou o primeiro centro de pesquisa de neurociência que incorporava biologia, química, física e matemática. Na sequência, vieram a Universidade da Califórnia e a Harvard Medical School. Ambas fundaram o Departamento de Neurociência na década de 1960. Os avanços começaram a surgir com novas formas de pesquisa e novas propostas sobre as funcionalidades do cérebro.

Com relação às experiências sobre a funcionalidade do cérebro, naquele mesmo período, um grupo de pesquisadores liderado por Roger W. Sperry fez uma série de experimentos para entender como o cérebro operava. As principais conclusões de Sperry, que lhe valeram o prêmio Nobel de Fisiologia ou Medicina de 1981 foram: 1) as sensações e o controle motor estão distribuídos nos dois hemisférios do cérebro; 2) os hemisférios têm funções distintas; e 3) o corpo caloso é a ponte entre os dois hemisférios, o que possibilita a troca de conhecimento e memória entre os dois lados. Isso quer dizer que cada hemisfério do nosso cérebro tem um modo único de perceber e aprender. O lado direito, segundo Sperry, é mais espacial e emocional, envolvendo simultaneamente processos de reconhecimento de padrões e pensamento holístico. O lado esquerdo é mais verbal e envolve processos lógicos, analíticos e sequenciais.

Os estudos desenvolvidos dentro do escopo da neuropsicologia confirmaram o trabalho desenvolvido por Sperry e estabeleceram que muitas habilidades mentais do cérebro são lateralizadas. Ou seja, elas são coordenadas predominantemente em um dos hemisférios. Porém, a lateralidade do cérebro só foi definitivamente incorporada pela academia com o advento das máquinas de eletroencefalograma (EEG). Em 1975, Robert Ornstein e seus colegas publicaram um estudo usando o EEG e conseguiram não só comprovar a especialização do cérebro, mas também identificar a origem das ondas cerebrais e relacioná-las com as tarefas executadas. A partir dessa pesquisa se desenvolveu um grande avanço no conhecimento das funcionalidades do cérebro.

ENTENDENDO O CÉREBRO

O cérebro é um dos maiores e o mais complexo órgão do corpo humano. Pesa 1,5 quilos – equivalente a 2% do peso total do corpo – e é formado por aproximadamente 100 bilhões de nervos que se comunicam em trilhões de sinapses. Sinapse é a região localizada entre os neurônios onde agem os neurotransmissores, transmitindo o impulso nervoso de um neurônio a outro. Cada célula nervosa tem um axônio e até 100 mil dendritos. Os axônios são responsáveis pela condução dos impulsos elétricos, enquanto os dendritos são responsáveis pela recepção de estímulos nervosos que chegam do ambiente ou de outros neurônios. Esse emaranhado de axônios e dendritos formam mais de 100 trilhões de conexões que estão em constante mudança. Todo esse intricado e complexo sistema trabalha para conservar energia. Os neurônios precisam de duas vezes mais energia do que qualquer outro tipo de célula. Eles não param o estado metabólico, criam continuamente enzimas e neurotransmissores para a transmissão de íons elétricos, que é a forma de comunicação entre eles. O sistema gastrointestinal humano usa o equivalente a 70% da energia que absorvemos. Outros 15% são direcionados para os movimentos, reprodução e outras atividades. Sobra cerca de 15% para o sistema cerebral: 20% de todo o oxigênio que respiramos e 10% da glicose que consumimos. Por essa razão, a conversão de energia para operar nosso cérebro é maximizada com processos que minimizam o gasto de energia.

NEUROTRANSMISSORES são substâncias químicas produzidas pelos neurônios que são utilizadas para enviar informações de uma célula para outra durante as sinapses. Na maioria dos casos, neurotransmissores são liberados a partir dos terminais axonais. Atravessam a fenda sináptica para chegar ao local do receptor da célula ou a outro neurônio.

Neurotransmissores desempenham um papel importante na vida cotidiana. Os cientistas ainda não sabem exatamente quantos existem, no entanto mais de cem mensageiros químicos foram identificados.

Figura 1.1 – Sinapse

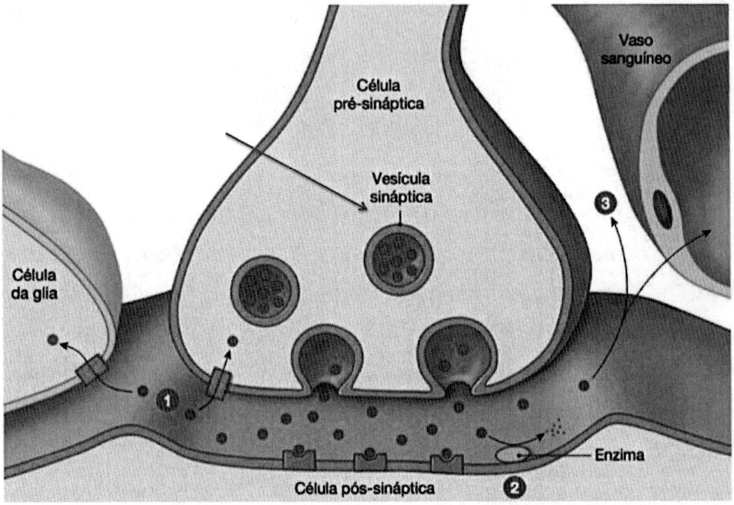

❶ Neurotransmissores podem retornar aos terminais axônicos para serem reutilizados ou transportados para as células da glia, que são células auxiliares do sistema nervoso.
❷ Enzimas inativam os neurotransmissores.
❸ Neurotransmissores podem sair da fenda por difusão.

Fonte: <http://arquivobioqui.blogspot.com/2015/11/inativacao-de-neurotransmissores.html>. Acesso em: 15 fev. 2019.

O cérebro é protegido por um tecido chamado meninge e pelo crânio. Pode-se dividir o cérebro em lobos, como mostra a próxima figura.

O lobo frontal é responsável pela solução de problemas, o julgamento, o raciocínio, a criatividade e a função motora. O lobo parietal gere as sensações, a escrita e a posição do corpo. O lobo temporal controla a memória e o escutar. O lobo occipital é responsável pelo sistema de processamento visual.

Além dos lobos, os hemisférios do cérebro são interligados pelo corpo caloso. O hemisfério esquerdo controla os músculos do lado direito do corpo e o hemisfério direito controla o lado esquerdo. O hemisfério esquerdo contém regiões que envolvem a fala e a escrita e está associado à matemática e à recuperação de fatos. O hemisférico direito é mais visual, espacial e artístico – mais criativo – e processa a parte auditiva. Um hemisfério pode ser mais dominante do que o outro. Segundo Ned Herrmann (1990), essa prevalência pode ser associada com a evolução do homem. O lado direito do cérebro precedeu o lado esquerdo, haja vista que os homens das cavernas desenhavam antes de falar. Ao longo da sua evolução, houve uma predominância das funções associadas à parte esquerda do cérebro.

Figura 1.2 – O cérebro e suas principais partes

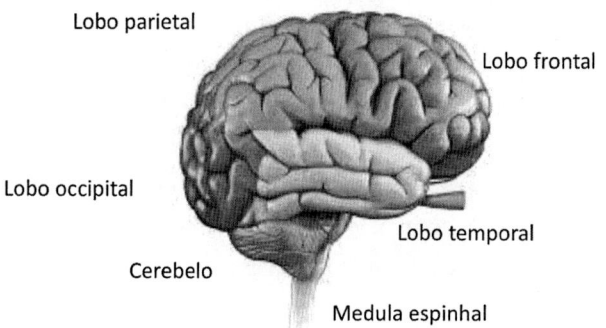

Fonte: <https://www.verywellmind.com/the-anatomy-of-the-brain-2794895>. Acesso em: 15 fev. 2019.

Do ponto de vista do controle motor, os hemisférios trabalham em cooperação. Por exemplo, as mãos direita e esquerda trabalham em sintonia. Cada um dos olhos tem uma parte do campo de visão, as pernas fazem um trabalho coordenado, assim como o sistema auditivo, em que ambos os ouvidos colaboram no processamento dos sons recebidos. Entretanto, em termos de preferências, os hemisférios do cérebro estão em constante competição para definir qual parte é a dominante.

O cérebro é um ecossistema dinâmico. Os neurônios e as redes neurais estão em constante competição pelos estímulos que chegam. Quando o cérebro está engajado com novas experiências e aprendizados, estabelece uma série de novos caminhos neurais (ou circuitos neurais). Estes são feitos com a interconexão de neurônios criados por uso diário ou práticas contínuas. Todas as vezes que adquirimos novos conhecimentos por meio de uma prática repetitiva as conexões neuronais referentes a ela ficam fortalecidas. John J. Ratey (2002) menciona que as redes neurais que têm êxito no processamento de novas experiências ou comportamentos se tornam fortes e permanentes, enquanto as redes não usadas são desligadas do fluxo ou refluxo de informação e ao longo do tempo se definham e acabam desaparecendo. Portanto, percebe-se que a estrutura do cérebro é construída em função dos estímulos que recebe, e o modo como se percebe esses estímulos determina o seu estado futuro. O cérebro recebe constantemente informações do meio ambiente por meio dos seus sentidos, e as interpreta como instruções para modificar os níveis de neurotransmissores e hormônios, de descarga elétrica e da excitabilidade química das suas redes neurais. Por essa razão, pode-se dizer que a informação configura o modo como percebemos o mundo e como se irá perceber a informação seguinte. A cada nova experiência nos tornamos uma nova pessoa.

O QUE É NEUROPLASTICIDADE?

Apesar do esforço dos pesquisadores em relacionar as regiões do cérebro com as funções que elas exercem, já se sabe que as mudanças na informação ambiental deslocam as fronteiras cerebrais. O mapa neurológico de cada indivíduo é diferente e pode se alterar ao longo da vida. Os conjuntos neurais responsáveis pelas funções básicas para sobrevivência – batimento cardíaco, controle de temperatura, respiração, pressão – já estão conectados quando o bebê nasce. Mas a maioria das outras conexões são determinadas pelo fator ambiental, que é impulsionado pela aprendizagem. Embora a flexibilidade cerebral possa diminuir com a idade, a sua neuroplasticidade continua por toda a vida.

A neuroplasticidade do cérebro está relacionada com a reestruturação cerebral promovida por algum tipo de ruptura ou lesão ou pela necessidade de adquirir uma nova competência. Para que haja a reestruturação, o indivíduo precisa se dedicar a alguma atividade que não lhe seja familiar, relacionada com essa nova competência ou uma nova necessidade. Será preciso criar novos hábitos. O córtex tem capacidade plástica e os estudos empíricos realizados em atletas comprovaram mudanças plásticas. Após intensos períodos de treino, pode-se observar um aumento de *performance* de habilidade motora, o que significa que adultos podem adquirir novas competências ao longo da sua vida se tiverem a persistência, a disciplina e a prática necessária para mudar os caminhos neurais.

Além da neuroplasticidade, o cérebro tem a capacidade de compensar e refazer continuamente as conexões neurais em função da prática. Essa capacidade é conhecida como adaptabilidade cerebral. As conexões que recebem informações de partes do corpo frequentemente usadas acabam se expandindo e ocupam áreas maiores do que aquelas que são usadas com menor frequência. Um mapa cerebral obtido por ressonância magnética de um violinista, por exemplo, apresenta as áreas relacionadas com a mão esquerda expandidas, já que essa mão é mais utilizada na prática do violino. Os cegos, por outro lado, possuem as áreas do cérebro direcionadas para o tato expandidas, já que a sua visão é feita primordialmente pelo tato. Na verdade, nos deficientes visuais, os neurônios originalmente ligados à visão foram recrutados para servirem ao tato. Além disso, um cego ouve melhor do que quem enxerga. A sua dependência no uso desse sentido faz que a sua área de audição se desenvolva mais do que em pessoas comuns.

A capacidade transmodal é outra característica do cérebro humano. Ela está relacionada com o uso de certas partes do cérebro que influenciam o desenvolvimento de outras partes. Por exemplo, uma pesquisa realizada na Universidade da Califórnia com estudantes universitários mostrou que ouvir as músicas de Mozart antes de fazer testes de raciocínio espacial melhorava o desempenho dos alunos quando comparado com o de outros estudantes que escutaram outros tipos de música. Outro exemplo foi uma pesquisa realizada pela mesma universidade com crianças que aprenderam música antes dos 8 anos de idade. O resultado mostrou um melhor desempenho em testes de raciocínio espacial. Como a música é estruturada no tempo e no espaço, as crianças fortalecem os circuitos neurais que ajudam o cérebro a pensar e a raciocinar nessas condições. A prática prolongada aperfeiçoa essa competência e ajuda as crianças a resolverem problemas complexos de matemática. A música estimula padrões neurais em vastas regiões do córtex que são usadas para a lógica espacial. Essa memória, uma vez retida, poderá ser acionada sempre que necessário. Esses estudos têm avançado em aplicações na área de saúde, mas o seu potencial para o mundo corporativo está totalmente aberto para contribuições. Pouco se conhece ou se sabe sobre o efeito transmodal positivo ou negativo dos processos organizacionais na cognição humana. Fica aí uma dica para os cientistas interessados nessa área.

Figura 1.3 – A transmodalidade cerebral e a música

Fonte: <https://produto.mercadolivre.com.br/MLB-782780180-adesivo-parede-musica-decorativo-notas-musicais-100x51cm-_JM?quantity=1&variation=23300110164>. Acesso em: 15 fev. 2019.

A TRANSMODALIDADE CEREBRAL estudada nos músicos tem despertado o interesse da comunidade científica, principalmente pela grande adaptação verificada no cérebro deles em função do tempo dedicado ao treinamento musical. Um violinista, ao longo de seu estudo, acumula aproximadamente 10 mil horas de prática ao completar 21 anos de idade, possibilitando analisar as modificações estruturais e funcionais que ocorrem e que não são encontradas em não músicos. As aulas de música podem ser consideradas experiências únicas, porque envolvem uma combinação particular de vários aspectos, tais como horas de prática individual, leitura à primeira vista, atenção e concentração, percepção de ritmo, treinamento auditivo, presença de feedback do professor e exposição à música. Além disso, o aprendizado musical é capaz de desenvolver habilidades gerais, como atender rapidamente a informações temporais, detectar agrupamentos temporais, desenvolver atenção a várias formas de sinais, aprimorar a sensibilidade emocional e a expressividade e desenvolver habilidades motoras finas. Outros estudos em crianças relatam associações positivas entre o estudo formal da música e capacidades cognitivas pertencentes ao domínio não musical, como raciocínio verbal, matemático e visual-espacial. Segundo Glenn Schellenberg, em seu artigo publicado no *New York Academy of Sciences* em janeiro de 2006, se a educação musical representa um enriquecimento para o ambiente da criança, é possível sugerir que tal enriquecimento seria capaz de promover desenvolvimento neurológico, o que poderia influenciar no incremento de capacidades pertencentes a outros domínios. Em outro estudo longitudinal com 144 crianças submetidas a aulas de música (piano ou canto), Schellenberg avaliou qual seria o impacto da música no quociente de inteligência (Q.I.) das crianças. Após um ano, foi constatado que houve um aumento do Q.I. das crianças. Outras pesquisas longitudinais realizadas nos últimos vinte anos têm demonstrado que os efeitos transmodais do aprendizado musical provocam alterações em vários campos diferentes, como: capacidades espaciais, verbais, visuais e de raciocínio. Uma linha de pesquisa promissora consiste no estudo da aplicação da prática musical na mitigação do processo de declínio cognitivo associado ao envelhecimento e no tratamento de desordens neurológicas. Cabe ressaltar que os processos neuroplásticos podem ocorrer durante toda a vida, embora o grau de neuroplasticidade diminua com o passar do tempo.

Até a década de 1960, não se imaginava que o cérebro tivesse neurogênese. O que se acreditava era que, se uma lesão ocorresse, não haveria possibilidade de restabelecer as funções perdidas. A neurogênese ocorre quando as células-tronco, que são um tipo de célula localizada no giro denteado, no hipocampo e possivelmente na área pré-frontal do córtex, dividem-se em duas células: uma célula-tronco e um neurônio. Os novos neurônios migrarão para as áreas do cérebro onde serão usados. Essa capacidade torna o cérebro potencialmente capaz de restabelecer o fornecimento de neurônios. Os estudos de Jacobs e Scheibel no início da década de 1990 mostraram a existência de um número maior de neurônios no cérebro de pessoas que possuíam maior grau de educação. Tais pesquisas não conseguiram explicar o porquê desse fenômeno, porém demonstraram que existe uma relação entre experiência e a organização e produção sináptica. O cérebro produz comportamentos, mas os comportamentos não são imutáveis. Aprendemos e lembramos, podemos criar novos pensamentos ou imagens, e mudamos ao longo da vida. Todos esses processos representam mudanças nas redes neurais. Todas as vezes que as redes neurais mudam, o comportamento, inclusive o comportamento mental, também muda. O corolário dessa afirmação é que, para mudar o comportamento, precisamos mudar o cérebro. As mudanças originárias das experiências aumentam as sinapses no córtex frontal, que é a área da memória executiva. O que se sabe hoje é que a neurogênese ocorre ao longo de toda a vida. O que muda é sua taxa, que vai decaindo ao longo dos anos. Manter o cérebro ativo fortalece a neurogênese e aumenta a capacidade de aprender novas competências e obter novos conhecimentos continuamente.

Como vimos nos parágrafos anteriores, o cérebro tem a capacidade de se modificar e estabelecer novas conexões, aumentando continuamente a sua reserva cognitiva. As operações que ampliam as atividades do cérebro aumentam o número e o vigor das conexões neurais. Porém, assim que essa nova conexão se torna rotineira, ela é empurrada para as regiões subcorticais e se tornam automáticas. Uma vez armazenado na memória subcortical, esse procedimento adquire solidez e durabilidade. Por essa razão, só precisamos aprender a andar de bicicleta uma única vez. Na próxima sessão, vamos explorar a memória e a sua formação nas regiões corticais e subcorticais, e entender qual o seu impacto na inovação e nos ambientes de transformação e incerteza.

RESUMO

> - O cérebro pesa 1,5 quilo – equivalente a 2% do peso total do corpo;
> - Ele absorve 20% de todo o oxigênio que respiramos e 10% de toda a glicose que consumimos;
> - Os hemisférios cerebrais trabalham em cooperação;
> - O cérebro é um ecossistema dinâmico;
> - Os estímulos que recebemos configuram o modo como percebemos o mundo e como iremos perceber o próximo estímulo;
> - A cada nova experiência nos tornamos uma nova pessoa;
> - O mapa neurológico de cada indivíduo é diferente e pode se alterar ao longo da vida;
> - O cérebro tem neuroplasticidade. Pode se reconfigurar continuamente;
> - Com a capacidade transmodal, partes diferentes do cérebro influenciam no desenvolvimento de outras partes;
> - A neurogênese permite que possamos aprender continuamente se mantivermos o cérebro ativo.

QUESTÕES PARA REFLEXÃO

- Quando você percebe que o seu cérebro está mais ativo? De manhã, à tarde ou à noite? Praticando algum esporte ou fazendo alguma atividade específica?

- Já percebeu os momentos em que o seu cérebro tem dificuldades de incorporar novos conhecimento? Quando?
- Você sente prazer em praticar alguma atividade? Percebe alguma diferença na sua atenção após essa prática? Ela o ajuda a desenvolver outras atividades da sua rotina?
- Já teve algum momento na sua vida que se sentiu muito capacitado para desenvolver novas competências? Quando?

– 2 –
Como aprendemos e retemos informação

> *Vivemos da memória, que é a imaginação do que morreu; da esperança, que é a confiança no que não existe; do sonho, que é a visão do que não pode existir.*
>
> **Fernando Pessoa**

A evolução do *Homo sapiens* como raça distinta de outros hominídeos aconteceu entre 2,3 a 2,4 milhões de anos atrás. Existia até essa época uma raça de macacos bípedes denominados *Australopithecus*, que passavam grande parte do tempo em árvores. Por volta de 1,8 milhão de anos surge o *Homo erectus*. Nesses humanoides, as estruturas do cérebro não eram integradas como são hoje. O processo de integração levou milhares de anos para acontecer e surgiu em grande parte devido ao neocórtex que se liga à maioria das outras partes do cérebro pelos circuitos neurais. O *Homo erectus* teve grandes desafios para evoluir. O seu esqueleto guardava resquícios do primata que vivia em árvores e caminhava com as quatro patas e que não tinha necessidade de sustentar um cérebro relativamente grande na posição ereta.

Foi somente por volta de 60 a 30 mil anos atrás que a consciência humana, no formato que ela tem hoje, começou a se desenhar. Foi exatamente o período em que começaram a surgir as artes, os instrumentos musicais, assim como os primeiros rituais religiosos. Esses hominídeos tinham níveis mais elevados de consciência e já tinham a memória executiva ou memória de trabalho, que era o espaço onde as ideias ficavam temporariamente armazenadas enquanto elas eram trabalhadas. Essa capacidade de trabalhar com níveis mais elevados de consciência possibilitou que o *Homo sapiens* evoluísse. Os hominídeos tinham a capacidade de repetir e aprender com os seus ancestrais, acelerando o seu desenvolvimento. À medida que evoluíram, esses seres foram se sociabilizando, vivendo em comunidades e, por volta de 70 a 30 mil anos atrás, surgiu o *Homo sapiens sapiens,* uma sub-raça do *sapiens* que representa a raça existente até hoje. A principal característica do *Homo sapiens sapiens* é o aumento do volume craniano. Dos 450 cm^3 dos *Australopithecus*, o cérebro cresceu até os seus 1350 cm^3. Houve o desenvolvimento do sistema nervoso, o que possibilitou a capacidade de raciocínio, linguagem, introspecção e inteligência. Por possuir um corpo completamente ereto, a possibilidade de usar os braços e as mãos para manipular os objetos permitiu que o meio fosse adaptado às vontades e aos anseios do homem.

Foram milhões de anos para o cérebro chegar à sua forma atual. Para entender o que aconteceu, pode-se imaginar que o cérebro humano esteja dividido em três "camadas". No interior, estão as mais primitivas; no exterior, as mais recentes. Cada uma das três camadas do nosso cérebro teve origem e data de formação em momentos diferentes. Em cada uma delas, foram absorvidas características e estruturas que são responsáveis pela maneira de agir e de pensar do homem moderno. Outro fato interessante é que, na evolução do *Homo erectus* para o *Homo sapiens,* as fêmeas tiveram uma transformação na gestação. Elas possuíam uma pélvis e um canal de nascimento muito mais estreito. Essa configuração exigia uma cabeça muito menor do que os bebês primatas possuíam. A seleção natural interveio nesse processo por centenas de milhares de anos. A gestação foi encurtada em seis meses, e o cérebro do bebê recém-nascido estava somente 25% desenvolvido comparado com o dos primatas, que nasciam com 50% do cérebro final. Enquanto nos primatas a maior parte dos circuitos cerebrais estava pronta até o 15º mês, no homem só atingia 95% do seu tamanho final aos 6 anos.

A COGNIÇÃO HUMANA

O doutor Paul Maclean, neurologista e diretor do Laboratório da Evolução do Cérebro e do Comportamento de Poolesville, Maryland, propôs um modelo de três camadas, conhecido como *triune*, para reproduzir o desenvolvimento do cérebro humano. A primeira camada é chamada de cérebro reptiliano ou primitivo. A segunda é o cérebro límbico ou emocional, e por último temos o neocórtex ou cérebro racional. As características do cérebro reptiliano ainda podem ser encontradas no tronco encefálico, que controla as funções do coração, pulmões, instintos de território, reprodução e a dominância social. Alguns milhões de anos depois surgiu o cérebro límbico, que é responsável pelas emoções, identidade, memória e sistema de reconhecimento. Por fim, cerca de 70 a 30 mil anos atrás surgiu a última camada do cérebro, conhecida como neocórtex.

Apesar de as camadas do cérebro serem interligadas, a última camada, que é a parte racional e consciente dele, tem acesso limitado à parte mais antiga e inconsciente, o que impõe limitações cognitivas na forma como o ser humano pensa. Por essa razão, podemos imaginar que temos dois cérebros. O primeiro, antigo, automático e praticamente inconsciente; e o segundo, consciente, mas que requer esforço para pensar.

A psicologia tem estudado essas duas formas de pensamento há muitas décadas, avaliando o seu impacto nos comportamentos humanos. Kahneman (2011) adotou a nomenclatura proposta pelos psicólogos Keith Stanovich e Richard West, que se referem a dois tipos de sistema: sistema 1 e sistema 2. O sistema 1 opera automaticamente e é rápido. Por essa razão, não requer esforço e não usa nenhum tipo de controle voluntário. Esse processamento tem capacidade ilimitada e usa muito pouca energia. É a nossa memória inconsciente. O sistema 2, por outro lado, precisa de atenção e requer esforço. As informações são processadas na nossa memória executiva, que é serial e consome muita energia. O sistema 1 fica ligado continuamente e gera respostas em menos de um segundo, em média por volta de trezentos milissegundos. É como se fosse uma máquina preditiva ligada 100% do tempo. Está sempre comparando os estímulos recebidos internos (pensamentos) ou externos com as informações já armazenadas na memória.

Figura 2.1 – Sistema 1 e sistema 2

PRIMEIRA REAÇÃO
Sistema 1: rápido, automático, impulsivo, associativo, emocional e processamento inconsciente.

RACIONAL
Sistema 2: mais lento, consciente, reflexivo, deliberado, analítico e processamento lógico.

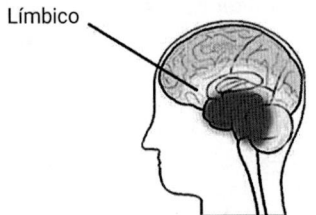
Límbico

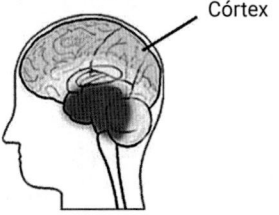
Córtex

Fonte: <https://www.youtube.com/watch?v=8CgodYwU_VQ>. Acesso em: 15 fev. 2019.

Essas memórias são formadas com o tempo, oriundas das nossas características inatas aliadas às nossas experiências. À medida que repetimos as experiências, vamos criando atalhos na nossa memória que são chamados de heurísticas. Guardamos essas heurísticas segundo o princípio da ameaça e da recompensa, resultado do processo evolutivo. Incentivamos as experiências que geraram recompensa e evitamos aquelas que geraram ameaça. Quando encontramos um novo desafio, o sistema 1 recomenda comportamentos que geraram recompensa e refuta comportamentos que geraram ameaça. Essas conclusões são passadas automaticamente para o sistema 2, que irá processar com atenção e racionalidade a situação.

Como aprendemos e retemos informação

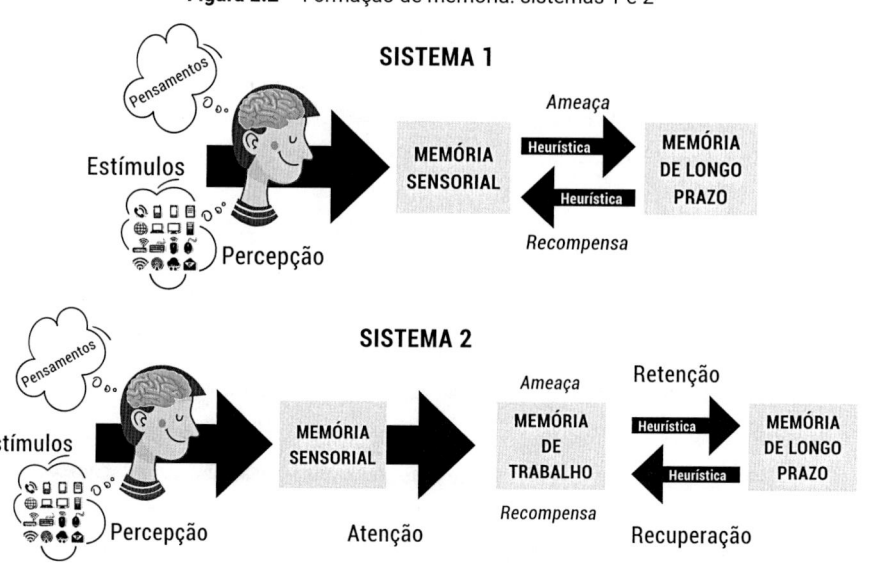

Figura 2.2 – Formação de memória: sistemas 1 e 2

Fonte: Própria autora.

Quando somos estimulados por um pensamento ou por estímulos externos, a percepção dessa informação entra por meio da memória sensorial. Em menos de um segundo a informação é enviada para a memória de trabalho – memória de curto prazo. A informação é processada em conjunto com outras informações recuperadas da memória de longo prazo. A duração e a capacidade desse processamento são limitadas. Essa memória segura a informação por apenas vinte segundos e não mais que sete itens de cada vez. Algumas informações processadas serão transferidas para a memória de longo prazo e serão lembradas por muito tempo, e outras serão esquecidas.

A repetição de padrões de comportamento ou aprendizados reforça ou cria uma nova heurística. Ou seja, a neuroplasticidade do cérebro permite que possamos criar continuamente novos atalhos ou novos hábitos mentais. Imagine, por exemplo, que um executivo da área de TI precisa implementar uma nova tecnologia no seu departamento.

Dependendo das suas experiências anteriores, ele poderá ter comportamentos positivos ou negativos em relação a essa nova tecnologia. Mesmo que a situação atual seja diferente da situação passada, o sistema 1 produz uma resposta em menos de um segundo em função dos aprendizados e das experiências armazenadas. A priorização é pela rapidez, e não pela precisão. O sistema 2 terá menos de um segundo para alterar a associação e o comportamento gerados pelo sistema 1. Se o sistema 2 assumir deliberadamente o controle da situação, as heurísticas já guardadas no cérebro, que são as nossas crenças, irão influenciar o sistema 2. Temos um viés cognitivo de focar as informações que suportam as nossas crenças iniciais e desconsiderar as informações que as contradizem. Alguns pesquisadores da área cognitiva afirmam que o sistema 1 influencia de 50% a 90% no processo decisório.

Para entender os sistemas 1 e 2, imagine o processo de aprender a dirigir. No início, você usa o sistema 2, que irá exigir atenção. Se você não estiver concentrado no aprendizado, pode rapidamente perder o controle ou causar um acidente. Depois de muitos anos de prática de direção, seu cérebro desenvolve uma série de atalhos – heurísticas –, e você não precisará mais do sistema 2. Quando você chega a esse estágio, é o sistema 1 que conduz por você, liberando-o para conversar ou pensar em qualquer outra coisa enquanto dirige. Nem todo mundo que aprende a dirigir na mesma autoescola, com o mesmo carro, na mesma cidade, no mesmo trajeto, dirige de maneira semelhante. Alguns dirigem melhor, outros bem pior. As crenças individuais explicam o porquê de pessoas com o mesmo aprendizado terem desempenho diferente. O que determina o nosso comportamento são as informações armazenadas na nossa memória que originam as nossas crenças.

Figura 2.3 – Sapo

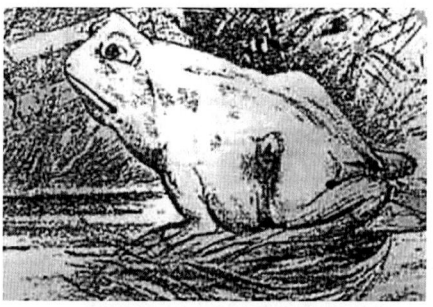

Fonte: <http://brainpages.org/do-you-see-a-frog-or-a-horse/>. Acesso em: 15 fev. 2019.

Sistema 1: Você vê o sapo.

Sistema 2: Você vê o cavalo (se não conseguir ver o cavalo, veja a imagem abaixo).

Em função das crenças que desenvolvemos, usamos caminhos neurais diferentes. E cada crença tem uma dose emocional que foi incorporada quando o estímulo foi processado. Criamos heurísticas diferentes apesar de cognitivamente termos tido estímulos externos iguais. Quando estamos dirigindo tranquilamente com o sistema 1, se acontece algo inesperado, por exemplo, um acidente, ou um sinal quebrado, imediatamente o sistema 1 alerta o sistema 2 para que ele preste atenção e assuma o controle para buscar uma alternativa.

Figura 2.4 – Cavalo

Fonte: <http://brainpages.org/do-you-see-a-frog-or-a-horse/>. Acesso em: 15 fev. 2019.

TICO E TECO: AS CRENÇAS HUMANAS

Gosto de brincar com esses dois sistemas e costumo apelidá-los de Tico e Teco. Os dois esquilos do mundo Disney refletem o nosso desafio como seres humanos. O Teco é o irmão mais atrapalhado. Vive correndo na frente do irmão Tico, faz tudo de maneira rápida e, na maioria das vezes, comete grandes trapalhadas. O Tico, o mais inteligente, é o mais calmo e vem sempre em auxílio do irmão. O Teco é o nosso sistema 1, involuntário e rápido, que faz as coisas automaticamente. O Tico, nosso sistema 2, é mais calmo, voluntário e entra em ação para socorrer o Teco quando ele precisa. É assim que nosso cérebro funciona. Temos operações cerebrais que são compartilhadas com os dois sistemas. Por exemplo, mastigar na maioria das vezes cabe ao Teco, mas se você estiver experimentando um alimento pela primeira vez, quem mastigará será o Tico.

Figura 2.5 – Teco (sistema 1) e Tico (sistema 2)

- Cria um novo relatório.
- Conta uma nova história.
- Busca novas informações.
- Monitora um processo.
- Analisa um problema.
- Gera uma solução.
- Entrevista um candidato para avaliar competências.
- Estuda objetivamente uma nova área de conhecimento.

**Tico
Sistema 2**

- Detecta se um objeto está mais distante do que o outro.
- Anda de bicicleta quando já sabe andar.
- Assina um documento rotineiro sem ler seu conteúdo.
- Completa frases com provérbios conhecidos.
- Forma a primeira impressão sobre as pessoas.

**Teco
Sistema 1**

Fonte: Própria autora. Imagem extraída de: <https://disney.fandom.com/wiki/Chip_and_Dale>. Acesso em: 15 fev. 2019.

O Tico sempre pode alterar o Teco, mas requer atenção. Aliás, a atenção é um sistema cerebral compartilhado pelo Tico e pelo Teco. Para usá-lo, é necessário fazer esforço. É fácil entender que o Teco foi o primeiro a se desenvolver na nossa evolução. Perceber e responder com segurança e rapidez ao mundo externo era mandatório. Esse *trade-off* entre velocidade *versus* precisão está na base dos processos cognitivos do ser humano. O Teco usa a velocidade e o Tico usa a precisão.

Gary A. Klein (1998), em seu livro *Sources of Power,* usou uma analogia com a visão para explicar o Tico e o Teco. A nossa visão é constituída de duas partes, a primeira é uma área central chamada fóvia, que é precisa e clara. A outra é a visão periférica, que tem uma amplitude maior do contexto, porém é difusa, não tem nitidez. Se a fóvia for danificada por alguma razão, perderíamos o foco claro e preciso. Todavia, se perdermos a visão periférica, enxergaríamos somente um pequeno círculo do tamanho de uma moeda. Para nos localizarmos, teríamos de movimentar continuamente os olhos e a cabeça para conseguirmos entender o contexto e conseguir nos locomover. Ou seja, isso seria impraticável. Por essa razão, Klein conclui que ter uma pequena visão clara e precisa tem menos utilidade para nós do que uma visão mais ampla e menos precisa, além de ser a visão periférica a responsável pelos sinais de alerta enviados para a fóvia quando alguma coisa anormal surge no radar.

O sistema sensorial humano capta cerca de 11 milhões de bits de informação por segundo. Na verdade, dessas informações que captamos somente 16 a 50 bits se tornam conscientes. Se a nossa mente consciente tentasse processar toda essa informação enviada pelo sistema sensorial, daríamos um curto-circuito no nosso cérebro. Quando fazemos o *trade-off* entre velocidade e precisão, estamos direcionando as milhares de decisões que tomamos a todo momento para a mente inconsciente, que responde automaticamente com o conhecimento já armazenado. Ou seja, é o nosso Teco sempre em ação!

Grande parte das informações captadas pelo nosso cérebro entram pelos nossos olhos. Dos 11 milhões de bits, cerca de 10 milhões entram pela visão. Isso porque, na nossa evolução, quem via melhor evitava o perigo e podia caçar melhor. Sobrevivência! Como resultado, cerca de um terço do nosso cérebro se dedica ao processamento da visão, para interpretar cores, detectar movimentos, perceber distância, identificar formas, reconhecer pessoas e inúmeras outras tarefas. Todo esse trabalho acontece involuntariamente. Mais uma vez, é o nosso Teco trabalhando duro! Às vezes, durante a nossa jornada de trabalho, temos um estranho pressentimento a respeito de um colega, de um processo ou de um fornecedor. Ficamos imaginando de onde veio esse pensamento. Ele provém da nossa mente inconsciente. Quem tem esses *insights* é o Teco.

Figura 2.6 – Teco (sistema 1) e Tico (sistema 2)

• Analítico	• Intuitivo
• Controlador	• Instintivo
• Racional	• Emocional
• Fleumático	• Impulsivo
• Cérebro humano	• Ancestral
• Consciente	• Inconsciente
• Pensador	• Reflexivo
• Conhecimento explícito	• Conhecimento implícito
• Algorítmico	• Heurístico
• Proposital	• Associativo
• Baseado em teoria	• Baseado em experiência

Tico — Sistema 2   **Teco** — Sistema 1

Fonte: Adaptado de Cadsby (2014, p. 162). Imagem extraída de: <https://disney.fandom.com/wiki/Chip_and_Dale>. Acesso em: 15 fev. 2019.

As vantagens de termos um Teco reside na imensa capacidade de processamento inconsciente que temos. É essa capacidade que nos mantém vivos sem precisarmos usar a nossa consciência. O Teco é muito rápido, ele processa um volume enorme de dados e tem um processamento modular onde os neurônios estão organizados em circuitos espalhados em todo o cérebro. Esses rodam simultaneamente, continuamente, possibilitando a decodificação de milhões de informações. É esse processamento que permite que um goleiro, por exemplo, consiga defender um pênalti em uma partida de futebol. Porque o goleiro tem as redes neurais treinadas (sistema 1) para impedir um gol, e, por ser um *expert* no assunto, ele consegue pegar a bola sem usar o sistema 2. Pois é a velocidade do Teco que capta os movimentos da perna, do corpo, as feições do jogador, todas as pequenas nuances, e instintivamente impulsiona o goleiro a fazer o salto na direção em que a bola será lançada antes que seu consciente analise a jogada, pois não daria tempo. Porém, para que essa velocidade aconteça, o Teco não tem flexibilidade para alterar as informações. As pequenas nuances captadas na jogada são comparadas com as informações já arquivadas, resultantes de exaustivos treinos e de muitas horas de preparação do goleiro ao longo da sua carreira e, numa fração de segundo, a decisão é tomada.

O nosso Teco é desenvolvido desde o dia em que nascemos. Os bebês levam em média doze meses para desenvolver a estrutura consciente do cérebro, porém as duas amígdalas (direita e esquerda) já estão praticamente prontas no momento do nascimento. Aprendemos a falar até os 3 anos de idade, portanto as memórias armazenadas até essa fase são difusas e sem palavras para descrevê-las, tornando difícil lembrarmos desse período da nossa vida. Porém, por incrível que pareça, mesmo sem nos recordamos, essas impressões geram um grande impacto no nosso entendimento do mundo. Até os 3 anos produzimos muitas sinapses. Aquelas que forem reforçadas pela repetição das experiências ficarão mais fortes até se tornarem automáticas. Os caminhos neurais automáticos acabam se tornando crenças, as quais governam o nosso pensamento, as nossas palavras, ações e decisões. Então, podemos afirmar que somos seres inteligentes porque conseguimos aprender rapidamente tanto nos nossos primeiros anos como ao longo de toda a nossa vida. Mas somos rigidamente limitados, porque essa nossa fonte primordial de pensamento que vem de experiências passadas é difícil de ser alterada.

Por outro lado, o nosso Tico é muito mais flexível. Permite-nos criar alternativas, sermos mais criativos e ilimitados nas possibilidades. Na memória de trabalho, que acontece no lobo pré-frontal do nosso cérebro, é que decompomos as nossas percepções da realidade para pensar no que pensamos e refletir se poderíamos pensar melhor. Analisamos as heurísticas geradas pelo Teco e nos indagamos se elas têm pertinência ou não. Essa capacidade de pensar no como e no que pensamos é chamada de metacognição. É ela que nos possibilita mudar os nossos hábitos mentais para criar novos caminhos neurais e gerar novas crenças. Porém, essa é uma escolha disciplinada e dolorida (requer esforço). É preciso ter consciência dessa vontade, ela requer deliberação para criar novos hábitos. Esse processo é lento e inconsistente. O Tico é distraído, facilmente perde o foco – precisa economizar energia. Quando isso acontece, o Teco entra em ação e voltamos sem perceber às heurísticas do pensamento (automático).

Quadro 2.1 – Pensamento automático e pensamento consciente

Pensamento automático: ancestral Teco – Sistema 1	Pensamento consciente: requer esforço Tico – Sistema 2
Involuntário: pensamento automático. Surge sem esforço.	**Voluntário:** pensamento não automático. Requer esforço.
Rápido e com muita capacidade: trabalha com processamento paralelo simultâneo. Usa as heurísticas, que são os atalhos intuitivos.	**Lento e com pouca capacidade:** trabalha com processamento serial ou sequencial na memória executiva ou de curto prazo. Processa uma atividade por vez. Consome muita energia.
Sem a nossa consciência: estamos desatentos para esse tipo de pensamento porque ele acontece abaixo da nossa consciência. Exemplo: andar é uma tarefa que acontece sem prestarmos atenção.	**Com a nossa consciência:** estamos conscientes para esse tipo de pensamento. Temos plena noção das etapas que estão sendo feitas. Exemplo: o cálculo e uma comissão imobiliária.

Rígido: temos controle limitado sobre esse pensamento. Só podemos influenciar quando levamos aspectos desse pensar para o nível consciente. Tal pensamento não aceita dúvida e tipicamente conclui com um "eu sei".	**Flexível:** a memória de trabalho permite decompor nossas percepções da realidade para podermos escapar das experiências sensoriais do presente e engajarmos na flexibilidade do pensamento hipotético. Permite autocrítica, a dúvida e conclui com questões abertas como "eu acredito".
Independente: pensamento dominante nos animais. Opera independentemente. Nos humanos é um processo que ocorre abaixo do nível consciente.	**Dependente:** Pensamento apoiado pelo pensamento automático: sem ele esse pensamento não poderia operar. Usa grande parte das informações da memória inconsciente, como as crenças, os modelos, as preferências e os valores.

Fonte: Própria autora.

O cérebro vê um conjunto de dados planos e bidimensionais na retina e cria a sensação de três dimensões. Os dados que nossos sentidos transmitem são de baixa qualidade e precisam ser revistos para serem úteis. Temos uma alta concentração de fotorreceptores concentrados no meio da nossa retina – a fóvia –, o que nos dá a visão clara em somente uma parte muito pequena da nossa visão: quatro centímetros. Ao redor desse ponto de nitidez, temos a visão periférica, que é distorcida. Nossas pupilas, para minimizar essa distorção, produzem movimentos circulares contínuos para ajudar o nosso cérebro a visualizar mais detalhes da cena observada. A imagem final construída dentro do nosso cérebro se torna coerente e contínua. Atrás do nosso globo ocular, onde se encontra a ligação entre a retina e o cérebro, existe um ponto cego que é uma lacuna nos dados que nossos olhos não percebem, pois nosso cérebro completa a imagem baseado nos dados que foram captados da área ao redor. Mlodinow (2012) cita que, quando você olha para o seu chefe, por exemplo, a imagem real na sua retina seria uma pessoa embaçada e trêmula com um buraco negro no meio do rosto. Mas não é a imagem que você irá ver, porque seu cérebro combina e processa informações, remove os efeitos dos movimentos e preenche as lacunas. Pode imaginar o impacto desse processo quando estamos percebendo ou buscando novas informações no mercado? Uma parte das informações que vemos são criadas dentro do nosso cérebro e originadas de informações antigas que já estão armazenadas.

Nossa audição funciona de forma semelhante. Preenchemos as lacunas auditivas inconscientemente. Essa restauração auditiva feita pelo cérebro interfere no entendimento de um contexto. Dependendo de quem falou ou onde falou, o que escutamos muda de sentido. Uma palavra dita no início de uma sentença pode ser afetada pelo que foi dito no fim. Essas distorções visuais e auditivas estão presentes em cada momento da nossa vida e criam uma realidade distorcida. O mundo que percebemos é, na verdade, um ambiente artificialmente construído pelo nosso cérebro com as informações que absorvemos consciente e inconscientemente. Nosso desafio: estamos em um mundo em constante mudança e complexidade. Analisamos as mudanças de hoje com as lentes do passado, que são as memórias que ficaram. O impacto desse processo interfere diretamente nas decisões e fundamentalmente na inovação.

MEMÓRIAS

Se ficou chateado por começar a entender como pensamos, ficará mais chateado ainda quando souber como guardamos as informações. Para sumarizar, podemos dizer que temos uma boa lembrança da essência dos eventos, mas uma má lembrança dos detalhes. Como se não bastasse, quando não lembramos dos detalhes, inventamos. Preenchemos aquilo que não lembramos com detalhes inventados, e o pior é que acabamos acreditando naquilo que inventamos. Vamos ver se é isso mesmo. Leia com atenção a seguinte sequência de palavras:

picolé, azedo, sorvete, amargo, açúcar, azedo, bom, sabor, gostoso, mel, coração, torta, biscoito, comer, chocolate. Releia toda a lista com atenção por meio minuto. Agora, sem voltar a olhar a lista, identifique qual dessas três palavras estava na lista: doce, sabor, palito. As três? Nenhuma? Somente uma delas? Se você se lembrou da palavra "doce", confirmou o que os neurocientistas já sabiam: guardamos o conteúdo principal do que lemos. "Doce" não estava na lista, porém está relacionado com a essência dos componentes da lista. Viu como é difícil lembrar de detalhes? Uma reflexão rápida: sabendo como vemos, ouvimos e guardamos as informações, qual seria o impacto desses processos quando estamos descobrindo novas oportunidades ou verificando necessidades não atendidas dos consumidores no mercado? Pois é! Investigamos, descobrimos e depois esquecemos os detalhes. Posteriormente, usamos as informações velhas como respostas para os desafios novos que estão acontecendo no mercado.

Para reter informações e os detalhes captados, temos de ter atenção. Enquanto nossos olhos estão recebendo milhões de detalhes, o nosso cérebro consciente só registra de dezesseis a cinquenta bits dessas informações. Lembra-se dessa proporção mencionada anteriormente? Se quisermos gravar detalhes ou adquirir novos aprendizados, precisamos prestar atenção. Antonio Damasio (2005), neurocientista, propõe em seu livro *O erro de Descartes* que os pedaços de informações que estão localizados em diferentes partes do nosso cérebro são reagrupados em zonas de convergência, permitindo que o Teco consiga rapidamente conceber objetos, ideias ou interações como um todo. Além disso, existem as zonas inferiores que nos permitem entender conceitos, como a face, enquanto as zonas de convergência superiores nos permitem reconhecer especificidades. Entre essas duas zonas de convergência há zonas intermediárias que diferenciam os detalhes. Ainda se conhece pouco sobre o processo de guardar e recuperar as informações. Sabe-se que dormir e, especialmente, sonhar é importante para nossa memória.

O cérebro memoriza informações por meio de vários sistemas, e alguns deles são inconscientes. A melhor forma para memorizar é processar a informação conscientemente. Aprender a andar de bicicleta, por exemplo, envolve informações da nossa parte motora e seu aprendizado é feito inconscientemente. Os estímulos que são captados são processados, e os que ficam retidos vão para a memória de longo prazo, que é o nosso banco de dados. A memória de curto prazo é o local onde processamos informações conscientemente. Os estímulos entram pela base do nosso cérebro e vão para o tálamo (sistema límbico), que é o nossa "central computacional". Automaticamente, esses estímulos são direcionados para a amígdala e áreas específicas do cérebro para processamento. Se houver um alerta de ameaça, a amígdala aciona o sistema nervoso central simpático para uma resposta imediata.

Figura 2.7 – Ameaça e recompensa

Ameaça
Reduz recursos no PFC
Reduz criatividade
Reduz percepção
Ativa amígdala → generalização e conexões acidentais

Recompensa
Aumenta recursos no PFC
Aumenta criatividade
Aumenta percepção
Mais positividade → mais engajamento

Fonte: Baseado em The Brain Resource Company, de Evian Gordon. Imagens extraídas de: <https://br.depositphotos.com/31259169/stock-illustration-strong-brain.html> e de: <http://hddfhm.com/clip-art/brain-cartoon-clipart-free.html>. Acesso em: 15 fev. 2019.

Existem quatro componentes distintos para acionar o sistema de atenção que, segundo Ratey (2002), formam a nossa capacidade de monitorar o ambiente: excitação, orientação motora, detecção da novidade e recompensa, e a organização executiva. A excitação acontece no monitoramento contínuo feito pela base do cérebro, que aumenta o nível de alerta controlado pelo sistema reticular e se comunica com o sistema límbico, o córtex pré-frontal, a base do cérebro e os órgãos de sentido. O hipocampo faz a comparação entre o estímulo que chegou e o que já está arquivado na memória de longo prazo, ativando ou não o sistema de alerta. A ameaça ativa uma reação inconsciente de sobrevivência – lutar ou fugir – em frações de segundo. Esse processo acontece na região medial do cérebro e consome oxigênio e glicose provenientes do sangue. As áreas corticais não são ativadas, e, por essa razão, as ações impulsionadas nesse processo são instintivas – não utilizam a capacidade cognitiva do cérebro, reduzindo a criatividade e a possibilidade de criar novas soluções importantes para a sobrevivência. Por outro lado, quando o sistema de recompensa é ativado, acionamos a atenção. Produzimos a sensação de prazer, que está ligada a uma região frontal chamada núcleo accumbens. Ela possui uma grande concentração de dopamina, que é sensível a outros neurotransmissores tais como serotonina e endorfina. O uso do sistema de recompensa ativa a atenção, que aumenta o nível de oxigênio e glicose nas regiões pré-frontais do córtex. A ativação do córtex pré-frontal aumenta a capacidade de perceber, criar, planejar e inovar.

As informações captadas ficam entre cinco a vinte segundos na memória de curto prazo localizada no lobo frontal. A maior parte é filtrada e apagada sem ser memorizada, a menos que as informações sejam relevantes. Sendo relevantes, são direcionadas para o hipocampo (sistema límbico), que organiza e codifica para depois guardar no córtex. No córtex as informações são guardadas nas mesmas regiões em que são processadas. Infelizmente, esquecemos a maioria das informações que aprendemos. Hermann Ebbinghaus (1913), no seu livro

Memory: A Contribution to Experimental Psychology, relata que os alunos esquecem em trinta dias 90% do que aprenderam, sendo que a maior parte é esquecida poucas horas depois da aula. Pesquisas mais recentes confirmam o que Ebbinghaus descobriu no início do século passado.

A memorização pode ser definida em quatro estágios: codificação, arquivamento, recuperação e esquecimento. A codificação ocorre no momento do aprendizado. O cérebro é capaz de fazer vários tipos de codificação, um deles é feito automaticamente (Teco). Por exemplo, perguntar para uma pessoa qual foi a roupa que ela usou para trabalhar no dia anterior. Não houve nenhum gasto de energia ou esforço para fazer esse processamento. Porém, se você perguntar para a mesma pessoa a fórmula que aprendeu durante um treinamento que participou no dia anterior, provavelmente ela não conseguirá repetir se não deu atenção nem se esforçou para guardá-la. Esse tipo de codificação requer esforço consciente deliberado e consome energia. Além de requerer repetição para que novos caminhos neurais sejam formados e se fortaleçam até que possam ser assumidos pelo sistema 2 (Tico).

As informações codificadas são fragmentadas e guardadas em diferentes áreas do cérebro. Para recuperar essa informação, em outro momento, todos os pedaços fragmentados são trazidos para a memória de curto prazo. Isso significa que, quando nos lembramos, não estamos revivendo uma experiência que já tivemos, mas sim recriando a experiência que foi decodificada e guardada em várias partes do nosso cérebro. Ainda se conhece pouco sobre esse processo de recuperação chamado de *binding*. O que se sabe é que ele acontece no hipotálamo (límbico).

No *Diário da Saúde* de junho de 2015, foi apresentada uma pesquisa publicada na revista *Science*, em que pesquisadores do MIT relataram que memórias que foram "perdidas" como consequências da amnésia podem ser relembradas ativando as células cerebrais com luz. O experimento foi feito com animais de laboratório usando uma tecnologia conhecida como optogenética.

Os neurocientistas afirmam que a amnésia retrógrada, induzida por uma lesão traumática, estresse ou doenças como Alzheimer, é causada por danos a células específicas do cérebro – assim a memória não pode ser armazenada lá. Essa nova teoria afirma que o acesso a essa memória é de alguma forma bloqueado – ou seja, a memória está lá, mas não pode ser recuperada. A amnésia é um problema de incapacidade de recuperação.

A nova teoria estabelece que há no cérebro uma população de neurônios que é ativada durante o processo de aquisição de uma memória, causando mudanças físicas ou químicas duradouras. Se esses grupos de neurônios forem posteriormente reativados por um gatilho, como uma visão ou um cheiro, por exemplo, toda a memória é relembrada. Esses neurônios são conhecidos como "células de engramas de memória". Usando a optogenética – proteínas sensíveis à luz são adicionadas aos neurônios, permitindo que eles sejam ativados com luz –, verificou-se que ela funciona exatamente da maneira esperada. Experimentos adicionais demonstraram que as memórias são armazenadas não em sinapses reforçadas pela síntese de proteínas nas células engramas individuais, mas em um circuito, ou "via", de vários grupos de células engramas e nas conexões entre elas. Os cientistas afirmam que há uma via, ou um circuito conjunto de células de engramas, para cada memória, e esse circuito abrange múltiplas áreas do cérebro e que os conjuntos de células engramas nessas áreas estão ligadas especificamente para uma memória em particular.

Fonte: *Diário da Saúde*. Disponível em: <https://www.diariodasaude.com.br/news.php?article=memorias-perdidas-reativadas-luz&id=10636>. Acesso em: 18 fev. 2019.

As pesquisas mais recentes indicam que quanto mais elaborada a codificação de uma informação no momento do seu aprendizado, mais forte é a sua retenção, especialmente se são utilizados exemplos que motivem e prendam a atenção. Esse fenômeno está ligado com a característica natural do cérebro de comparar padrões. O momento inicial do aprendizado é o mais importante, pois as informações iniciais são processadas com as recuperadas em um mesmo local – memórias executivas. Quanto mais estruturas neurais são recrutadas para o processamento, mais fácil é a sua memorização. O mesmo caminho neural usado para trazer as informações pode se tornar o caminho neural permanente se o cérebro reutilizar as informações armazenadas. Por essa razão, a repetição aumenta a nossa capacidade de memorização.

ATENÇÃO

Csikszentmihalyi (1990) menciona que a informação que chega ao nosso consciente depende da nossa atenção, que é a ferramenta mais importante para aprimorar a qualidade da nossa experiência. O nível de ativação que ela imprime na região do hipocampo no momento da codificação tem papel fundamental para a memorização. A atenção tem que ser plena. Em um mundo com tantas distrações – como celulares, computadores, pessoas conversando e barulhos diversos – é complicado nos mantermos focados. Porém, dividir a atenção diminui sensivelmente a ativação do hipocampo e a capacidade de aprender. Fazer muitas coisas ao mesmo tempo também diminui a capacidade de aprendizado. O nosso cérebro não é multifuncional. O processamento das informações na memória de curto prazo é serial e consome muita energia. E as interrupções interferem nesse rendimento. Estudos indicam que as pessoas que são interrompidas demoram 50% mais tempo para fazer a mesma tarefa e ainda cometem 50% mais erros. A distração interrompe o processo neural e as pessoas têm que reiniciar a tarefa.

Preocupante é pensar que os jovens do século XXI se gabam de fazer inúmeras coisas ao mesmo tempo, como estudar, escutar música e responder a mensagens. Será que eles retêm o aprendizado sem atenção plena? Ou essa nova geração ficará dependente de um equipamento para pensar?

Quando prestamos atenção, dois neurotransmissores entram em cena: a dopamina e a noradrenalina. A dopamina é o neurotransmissor da recompensa, da novidade e da relevância. Ela é produzida quando estamos abertos, curiosos, orientados para atingir um objetivo ou para ganhar alguma coisa. Para aumentar o nível de dopamina, o estímulo tem de ser relevante e direcionado para os objetivos pessoais. Usar várias técnicas de aprendizado diferentes pode aumentar a produção de dopamina, como o uso de simulações, discussões em grupo e apresentações de casos reais.

Por outro lado, a noradrenalina influencia o humor, a ansiedade, o sono e a alimentação. Ela age de forma antagônica à adrenalina e afeta a nossa bioquímica ligada ao estado de alerta. Ela é liberada durante atividades competitivas ou quando estamos sob pressão. Doses equilibradas dos dois neurotransmissores são essenciais para gerar ativação na região do hipocampo, que fará a codificação da informação. Quanto melhor codificada a informação, mais fácil será a sua recuperação e retenção. Em ambientes com distrações, como os escritórios ou as salas de aula, é difícil manter a atenção centrada em um determinado tópico, dificultando o seu aprendizado. Alguns estudos têm mostrado que prestamos mais atenção quando estamos em ambientes sociais, por exemplo visitando empresas, pesquisando ou interagindo com outras pessoas.

O estresse provoca o efeito contrário. Quando seu nível é excessivo, o cérebro registra uma ameaça e a amígdala envia um sinal para o hipotálamo, que aciona o sistema nervoso simpático, aumenta a produção de cortisol – que é um hormônio que gera uma fonte temporária de energia – e adrenalina pelas glândulas suprarrenais, os batimentos cardíacos e a respiração aceleram, a pressão sobe e os músculos se contraem. Os hormônios cortisol, adrenalina e noradrenalina liberados nesse processo de aceleração reduzem a nossa capacidade de acessar os circuitos corticais superiores – racional – e começam a usar os caminhos neurais de estímulos/resposta mais primitivos. Nesse estado, o cérebro perde a capacidade de interpretar e perceber mudanças; acessa comportamentos inconscientes; perde algumas de suas habilidades para indexar, armazenar e acessar informações; torna-se limitado em suas respostas; perde capacidade de perceber padrões; usa menos o pensamento racional; perde a capacidade de memória de longo prazo e tende a reagir de forma exagerada a estímulos que surgem. O mais agravante é que, nesse estado, acessamos a nossa área consciente onde reside a nossa capacidade de processar e criar. Por essa razão, quando estamos estressados ficamos limitados para inovar.

A repetição está sempre presente nos processos de aprendizado, porém alguns estudos da área de psicologia têm mostrado que o papel do autoaprendizado é mais importante que a repetição por si só. Degen (2014) reforça no seu artigo que alunos adquirem conhecimento processando experiências – digerindo, pensando, refletindo e fazendo experiências. A melhor maneira de se aprender é fazendo uso de processos adaptativos cuja decisão está centrada no aluno. Esse processo desenvolve as capacidades de buscar novos conhecimentos por meio de questionamentos que os alunos fazem a si mesmos e que são motivados por seu interesse e pela busca de significado. Essas experiências são projetos do mundo real desenhados dentro do currículo acadêmico. A descoberta reforça o princípio da unicidade de cada cérebro. Cérebros são semelhantes, porém não idênticos. Cada pessoa aprende de maneira diferente e presta atenção naquilo que percebe ser relevante conforme seus valores e suas crenças.

Além da repetição e do autoaprendizado, a emoção tem um papel fundamental na retenção de informação. Existe uma alta correlação entre a nitidez de uma memória com a emoção ocasionada pelo evento. A intensidade do evento atrai a nossa atenção e ativa o hipocampo. O hipocampo fica na área límbica do nosso cérebro em frente à amíg-

Como aprendemos e retemos informação

dala, que ao receber o estímulo interno (pensamento) ou externo, já sinaliza a sua relevância aumentando a efetividade da codificação. Se a emoção é positiva, ela ativa o sistema de recompensa, enquanto as negativas ativam o sistema da ameaça. As memórias com emoções negativas são as que perduram por mais tempo.

Segundo Rock e Ringleb (2013), o espaçamento do aprendizado influencia na sua retenção. Grandes volumes de informação em um curto espaço de tempo aumentam o resultado no curto prazo, porém não implicam sua retenção. Por outro lado, a distribuição do aprendizado ao longo de um período de tempo aumenta a retenção na memória de longo prazo e reduz a taxa de esquecimento. Outra evidência científica é que a aplicação de um novo conhecimento logo após o seu aprendizado também ajuda na consolidação da memória de longo prazo. Aplicar um aprendizado é mais efetivo na memorização do que só estudar.

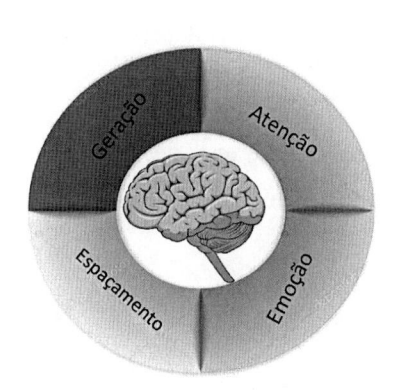

Figura 2.8 – AGES

AGES é o acrônimo criado por Rock e Ringleb (2013) para aumentar a capacidade de memorizar. As quatro letras significam:

A – atenção;

G – geração de conexões neurais entre a informação nova com as informações já guardadas para aumentar a retenção;

E – emoção que precisa estar presente para captar a atenção e definir a relevância;

S – espaçamento do aprendizado ao longo do tempo.

Fonte: Adaptado de Rock e Ringleb (2013). Imagens extraídas de: <https://pt.depositphotos.com/35090741/stock-illustration-circle-infographic.html> e de: <https://pt.dreamstime.com/ilustração-stock-estrutura-do-vetor-do-diagrama-esquemático-do-cérebro-humano-image63208955>. Acesso em: 15 fev. 2019.

RESUMO

> Temos um Teco (sistema 1) e um Tico (sistema 2) no nosso cérebro. Teco é rápido, automático, impulsivo, associativo, emocional e usa o processamento inconsciente. Tico é mais lento, consciente, reflexivo, deliberado, analítico e usa o processamento lógico;
> Memórias são formadas com o tempo e são a combinação das nossas características inatas aliadas com as nossas experiências. Elas formam as nossas crenças;
> Experiências repetidas se tornam hábitos mentais e heurísticas (atalhos);
> A neuroplasticidade permite que possamos criar novas conexões neurais em qualquer idade;
> As nossas crenças geram hábitos mentais e vieses cognitivos;
> Tico sempre pode alterar o Teco, mas requer atenção e esforço deliberado;
> Captamos aproximadamente onze milhões de bits de informação por segundo, mas somente entre dezesseis a cinquenta bits se tornam conscientes;
> Nossa visão e audição são distorcidas. O cérebro preenche as distorções com as informações que já estão armazenadas;
> Nossa memória é limitada. Temos uma boa lembrança da essência dos acontecimentos, mas uma má lembrança dos detalhes. Quando não lembramos, inventamos. E acabamos acreditando naquilo que inventamos;
> Para reter informações, precisamos ter atenção;
> O cérebro memoriza informações por meio de vários sistemas, e alguns deles são inconscientes. A melhor forma para memorizar é processar a informação conscientemente;
> A memorização tem quatro estágios: codificação, arquivamento, recuperação e esquecimento;
> Cada informação pode ser codificada em ameaça ou recompensa. Esse código é feito no momento da sua captação. A ameaça

ativa o sistema límbico, que é o alerta para ação. São as informações que têm maior longevidade no cérebro. Significam sobrevivência;
➤ Para aumentar a capacidade de retenção, é preciso AGES: atenção, geração, emoção e espaçamento.

QUESTÕES PARA REFLEXÃO

- Em que momentos do seu dia a dia o Tico está mais presente? Consegue perceber? Na sua rotina profissional, quem é mais presente, o Tico ou Teco?
- O que você poderia fazer de diferente para tornar o Tico mais presente?
- Qual o impacto de trabalhar mais com o Teco do que com o Tico? Consegue mensurar?
- Já teve momentos em que foi iludido por sua visão ou audição distorcida? Quando? O que aconteceu?
- Imagine que você precise trabalhar em um novo projeto no qual o Tico deva ser o grande aliado. Qual seria o ambiente adequado? Quem estaria envolvido? Usaria algum processo ou ferramenta para o ajudar?

outra pessoa poderia vê-lo. Como a maior parte das nossas crenças é inconsciente e elas regem os nossos comportamentos, é importante perceber como pensamos e agimos para poder usar a nossa capacidade consciente de fazer escolhas que produzam melhor resultado em nossa vida.

CRENÇAS → PENSAMENTOS → PALAVRAS → AÇÕES → AÇÕES REPETIDAS → HÁBITOS → ESCOLHAS

MINDSET FIXO E *MINDSET* DE CRESCIMENTO

A professora de psicologia Carol Dweck (2008) da Universidade Stanford, com suas inúmeras pesquisas sobre a teoria da inteligência descobriu que, quando adquirimos consciência de como pensamos, somos capazes de alterar os nossos pensamentos. As pessoas que acreditam que nasceram inteligentes e que essa capacidade inata é definitiva são categorizadas como pessoas de *mindset* fixo. Essas pessoas sabem que são capazes, gostam de ser admiradas pelo que sabem, e se sentem frustradas com o erro, além de entenderem as críticas como ofensas pessoais. No extremo oposto estão as pessoas categorizadas de *mindset* de crescimento. Essas pessoas sabem que podem mudar drasticamente a maneira como pensam e, com isso, podem alterar suas crenças criando novos caminhos neurais. Todavia, para que isso aconteça, é preciso ter um esforço deliberado de mudança. Ao contrário das pessoas de *mindset* fixo, essas pessoas entendem que as críticas e os erros são essenciais e representam um alerta para que aprendam mais, esforcem-se mais e se comprometam mais para chegar ao objetivo traçado. Além de se inspirarem no sucesso de outras pessoas que estão em patamares de excelência superior aos seus.

Mindsets são crenças que as pessoas têm sobre a natureza dos traços e das características humanas. Especificamente, o conceito de *mindset* está centrado na crença de se poder ou não alterar os traços ou as

– 3 –
Mindset: afinal, o que é isso?

Sentir é compreender. Pensar é errar. Compreender o que a outra pessoa pensa é discordar dela. Compreender o que a outra pessoa sente é ser ela.

Fernando Pessoa

O nosso cérebro é um ser social. Os mesmos circuitos neurais que reagem a uma ameaça à nossa sobrevivência são ativados quando estamos nos sentindo ameaçados em um ambiente social. Por exemplo, se nos desentendemos com um colega dentro do ambiente profissional, ficamos ofendidos, porém se o chefe intervém a favor da outra pessoa, ficamos frustrados. O efeito é mais ameaçador. O contrário também é verdadeiro. As recompensas sociais, como ser reconhecido publicamente ou receber um parabéns de quem admiramos, são mais importantes do que as recompensas não sociais.

A complexidade de como pensamos e as reações que produzimos devido aos estímulos internos (pensamentos) ou externos podem ser recompensadoras ou avassaladoras. Por essa razão, o autoconhecimento é importante. À medida que avançamos no conhecimento do nosso cérebro e usamos esse conhecimento, podemos fazer escolhas mais assertivas, pois não existe uma regra de comportamento que possa ser aplicada a todos. Cada pessoa reage de uma forma diferente aos mesmos estímulos e o que pensamos produz impactos diferentes na nossa vida e no nosso organismo. Só os humanos têm essa capacidade de ver a si próprio muito mais profundamente do que qualquer características pessoais. Se as pessoas acreditam que os traços – como inteligência, personalidade, habilidade esportiva, musical etc. – não são controláveis e por isso não podem ser mudados, elas endossam o *mindset* fixo. Se, por outro lado, as pessoas acreditam que essas características são controláveis e mutáveis com esforço, elas endossam o *mindset* de crescimento (MURPHY; DWECK, 2015).

Robert Dilts (2014), em seu artigo sobre os níveis neurológicos inspirado em Gregory Bateson (*Steps to an Ecology of Mind*), define um modelo de como as nossas crenças influenciam e modelam nossas relações e interações com o mundo ao nosso redor. Com o modelo de Dilts começamos a entender como esse intricado mecanismo cérebro, corpo e capacidades funciona e abrimos novas fronteiras para o autoconhecimento, que é o passo inicial da mudança de *mindset*.

Gregory Bateson identificou cinco níveis lógicos de aprendizado ou de autoconhecimento.

> Nível 0 – Reação reflexiva comportamental a um estímulo ambiental.
> Nível I – Ajuste ou melhora em um comportamento devido a um refinamento de uma representação interna.
> Nível II – Mudança em uma abordagem comportamental por causa de uma reinterpretação do contexto.
> Nível III – Mudanças em todo o sistema de crenças e valores.
> Nível IV – Sair do sistema e migrar para um sistema de sistemas. É necessária uma mudança de identidade.

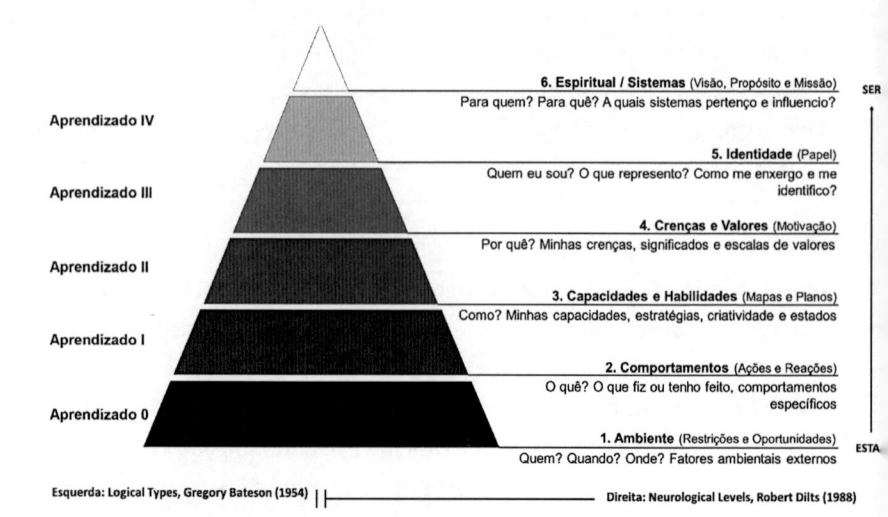

Figura 3.1 – Níveis lógicos e níveis neurológicos

- Aprendizado IV
- Aprendizado III
- Aprendizado II
- Aprendizado I
- Aprendizado 0

6. **Espiritual / Sistemas** (Visão, Propósito e Missão)
Para quem? Para quê? A quais sistemas pertenço e influencio? — SER

5. **Identidade** (Papel)
Quem eu sou? O que represento? Como me enxergo e me identifico?

4. **Crenças e Valores** (Motivação)
Por quê? Minhas crenças, significados e escalas de valores

3. **Capacidades e Habilidades** (Mapas e Planos)
Como? Minhas capacidades, estratégias, criatividade e estados

2. **Comportamentos** (Ações e Reações)
O quê? O que fiz ou tenho feito, comportamentos específicos

1. **Ambiente** (Restrições e Oportunidades)
Quem? Quando? Onde? Fatores ambientais externos — ESTA

Esquerda: Logical Types, Gregory Bateson (1954) | Direita: Neurological Levels, Robert Dilts (1988)

Fonte: baseado em Dilts (2014). Disponível em: <https://rmcholewa.com/2017/11/23/niveis-neurologicos-e-a-diferenca-entre-ser-e-estar/>. Acesso em: 18 fev. 2019.

Cada nível funciona com a integração e a operação do nível inferior. Ou seja, cada nível da hierarquia está relacionado com um agrupamento de fenômenos ou experiências do nível inferior. As mudanças nos níveis superiores têm impacto direto no nível inferior. Como no exemplo abaixo, descrito pelo autor:

> A velocidade do carro é uma função da relação entre velocidade e tempo (ambiente). Frear ou acelerar é uma função de um comportamento humano que altera a velocidade (comportamento). Manter a velocidade dentro dos limites permitidos é uma interação entre a percepção e a capacidade de coordenação motora para regular a força no pé (capacidade). Respeitar o limite de velocidade é função das crenças nas leis e nas consequências que elas impõem (valores e crenças). Ser um bom motorista é uma função e alinhamento de todos os níveis (identidade). Pode-se dizer que é a identidade que

alinha e modifica todos os níveis inferiores, assim como as crenças e os valores interferem nas capacidades, que por sua vez interferem no comportamento e que têm impacto no ambiente (DILTS, 2014).

NÍVEIS NEUROLÓGICOS E *MINDSET*

A identidade de uma pessoa é moldada e está refletida no conjunto de crenças e valores. Cada crença e valor, por sua vez, está relacionado com um grupo particular de capacidades. As capacidades estão associadas com determinados comportamentos, e esses estão ligados a um conjunto de condições ambientais. Os níveis neurológicos de Dilts (2014) estão descritos abaixo:

Ambiente: é formado por fatores externos, como clima, comida, barulho, pessoas, que interagem continuamente com o indivíduo ou um grupo de indivíduos. Neurologicamente, nossas percepções são formadas a partir dos estímulos (sistemas 1 e 2) que recebemos do ambiente e que são captados pelos nossos órgãos sensoriais e pelo sistema nervoso periférico. É graças a esse sistema que o cérebro e a medula espinhal recebem e enviam as informações, permitindo-nos reagir às diferentes situações que têm origem no meio externo ou interno. Ele é responsável por nossas sensações e nossos reflexos.

Comportamento: está relacionado especificamente com ações e reações que temos quando nos relacionamos com pessoas e o ambiente. Neurologicamente, nossos comportamentos são resultado das atividades no sistema motor – sistema piramidal e cerebelo. O sistema piramidal é uma grande coleção de axônios que viajam entre o córtex cerebral e a medula espinhal e constituem o componente voluntário da nossa motricidade. E o cerebelo é responsável pelo controle do equilíbrio, tônus muscular, os movimentos voluntários e a aprendizagem motora, como andar de bicicleta, correr, pular, entre outras atividades. Comportamentos não reflexivos envolvem o sistema psicomotor, que coordena as nossas atividades físicas e os movimentos conscientes.

Capacidades: são as estratégias mentais que possibilitam desenvolver comportamentos específicos. Enquanto alguns comportamentos são respostas reflexivas aos estímulos externos, outras ações não são. Essas capacidades são desenvolvidas internamente em decorrência dos estímulos internos, como imaginar o futuro, imaginar novas situações ou se lembrar de situações passadas. Somos capazes de selecionar, alterar, criar e adaptar comportamentos em função desses pensamentos. O processo ocorre nas áreas corticais do cérebro onde está, por exemplo, nossa imaginação, nossa criatividade, nosso planejamento e nossa ética. Esse tipo de processamento é acompanhado de micromovimentos semiconscientes, como movimento dos olhos, batimento cardíaco e mudança de tonalidade de voz.

Valores e crenças: estão relacionados com julgamentos e avaliações de nós mesmos, dos outros e do mundo ao nosso redor. É a nossa essência. Neurologicamente, as crenças estão ligadas ao sistema límbico e ao hipotálamo. O sistema límbico está associado com as emoções e a nossa memória de longo prazo. Por serem estruturas mais primitivas e mais profundas do cérebro, elas são responsáveis por respostas inconscientes.

Identidade: está relacionada com o nosso sentido de ser. É a percepção de quem somos que organiza as nossas crenças, capacidades e comportamentos em um único sistema e determina o nosso propósito e a nossa missão. A identidade está associada ao sistema nervoso como um todo e provavelmente envolve as estruturas mais profundas do cérebro, tais como as formações reticulares – uma região evolucionária antiga e envolvida em ações como ciclo de sono –, o despertar e a filtragem da relevância dos estímulos sensoriais. A formação reticular é a reguladora do estado de alerta. A identidade também está relacionada com o sistema imunológico, o sistema endócrino e outras funções vitais importantes para a nossa vida. Mudanças ou transformações na identidade podem ter um impacto quase instantâneo na identidade de uma pessoa.

Nível espiritual: nos dá o sentido de ser parte de algo maior e muito mais profundo e que está além da nossa compreensão. É a consciência de padrões interconectados com todas as coisas para a formação de um todo. Somos um subsistema de um sistema maior. Nossa experiência nesse nível nos dá o propósito e a missão de vida. Neurologicamente, o nível espiritual tem a ver com um campo relacional entre nosso sistema nervoso e o sistema nervoso das outras pessoas, como se estivéssemos conectados por um sistema nervoso coletivo, que pode ser chamado de consciência coletiva.

O sistema intrincado e integrado entre cérebro e corpo indica a dimensão e a intensidade de esforço necessário para fazer mudanças de hábitos mentais, o *mindset*. Não é à toa que essa reflexão conceitual descritiva se chama DÓI. Dói profundamente fazer mudanças na forma como pensamos. Se as crenças que temos sobre nós mesmos e sobre o mundo não forem alteradas, não conseguiremos mudar capacidades e comportamentos. Pois, segundo a hierarquia de Dilts, são as crenças que motivam ou inibem as nossas capacidades e nossos comportamentos. Como neurologicamente as nossas crenças estão ligadas ao sistema límbico, que é inconsciente, temos um desafio grande. Podemos perceber o sentimento decorrente da nossa emoção, porém não temos controle sobre elas. **Para mudar o nosso *mindset*, temos que ter consciência sobre as nossas crenças.** O que não é fácil! Para isso, precisamos nos autoconhecer, perceber como pensamos, como nos comportamos e como reagimos a determinados estímulos externos e internos. O passo seguinte é criar novos hábitos e, para isso, é preciso aprender a usar o nosso Tico (sistema 2), o que requer disciplina e esforço. A repetição de novos hábitos gera novos comportamentos, novas capacidades que formarão novos caminhos neurais que, ao se sedimentarem, se tornarão novas crenças.

Para mudar o *mindset*, é necessário:
1. Ter consciência sobre as nossas crenças
2. Investir tempo no autoconhecimento: perceber como pensamos
3. Criar novos hábitos → atenção e foco
4. Aprender a usar o Tico (sistema 2)
5. Ter disciplina e esforço
6. Repetir os hábitos para gerar novos comportamentos e novas capacidades
7. Com a repetição, teremos novas crenças

Quando interagimos com o mundo no âmbito profissional ou pessoal, sofremos uma enorme influência do nosso *mindset*. Dependendo do nosso estado mental, avaliamos precipitadamente o comportamento dos outros em função das nossas próprias crenças – temos uma predisposição de julgar rapidamente. Molden, Plaks, e Dweck (2006) fizeram uma pesquisa com alunos universitários e identificaram que as pessoas de *mindset* de crescimento são mais tolerantes e têm uma predisposição para rever as suas avaliações iniciais, inserindo interpretações alternativas em função da situação em que o evento ocorreu. Ou seja, são pessoas que não julgam rapidamente. Estão abertas a analisar, ponderar e inserir correções nas experiências vivenciadas. Enquanto as pessoas de *mindset* fixo só conseguem ajustar a sua primeira avaliação se estiverem cognitivamente descansados – sem estresse. Essas pessoas são mais propícias ao julgamento rápido.

Para exemplificar o comportamento de predisposição mencionado no parágrafo anterior, lembrei-me de uma situação profissional recente, que aconteceu em um projeto de inovação operacional realizado em uma das maiores companhias de seguro do Brasil. O projeto tinha dois objetivos: redução de custos e aprender a pensar diferente. Foram estruturados 35 grupos multifuncionais de gestores do segundo escalão da empresa. Os projetos deveriam estar alinhados com a estratégia e precisavam gerar novas soluções. Os três critérios orientadores dos projetos eram: reduzir custos, melhorar a experiência do cliente e criar agilidade. Um dos grupos identificou um gargalo operacional, que era o prazo de renovação de seguro para pessoas jurídicas. Em média, o processo demorava aproximadamente 1200 horas, envolvendo a manipulação de documentação física, troca de e-mails e protocolos internos. Cada grupo seria orientado por um mentor – nível de diretoria – que foi apontado pelo presidente da empresa. O mentor teria a responsabilidade de fazer o alinhamento do projeto com a estratégia da empresa e facilitar a interação com outras áreas se houvesse necessidade. O grupo mencionado anteriormente, em particular, tinha o diretor financeiro da empresa como mentor. Sem entender ou aprofundar a proposta feita pelo grupo, o mentor vetou o projeto na semana seguinte ao seu início. A principal alegação foi que havia processos existentes sem conformidade legal (falta de documentação exigida). O mentor, já estressado com situações anteriores, julgou o projeto precipitadamente, sem avaliar o contexto atual da digitalização, sem entender a proposta do grupo ou mesmo sem dar tempo para aprofundar o entendimento sobre as barreiras legais. Porém, sem perder a motivação, um dos componentes do grupo teve o cuidado de investigar a legislação e obteve o apoio da área jurídica nessa mudança operacional importante para a empresa. O projeto caminhou depois de uma longa conversa entre a área jurídica e a financeira, e o prazo da renovação de seguro para pessoas jurídica foi reduzido em mais de 60%. Esse foi um dos projetos selecionados pela empresa para implantação imediata.

Iguais a esse projeto devem existir muitos outros que não chegam sequer a passar por uma avaliação mais aprofundada. São barrados no nascedouro pelas nossas crenças limitantes – baseadas nas experiências passadas. É importante frisar que, no caso desse diretor financeiro, no momento em que ele barrou o projeto o seu estado mental era de *mindset* fixo. O que não se pode afirmar é que esse seja o seu estado preferencial – embora a repetição de padrões mentais aprofunde as nossas crenças que são limitantes na tomada de decisão.

MINDSET É UM CONTÍNUO...

Cadsby (2014) descreve a relação entre o sistema 1 (Teco) e o sistema 2 (Tico) como se fossem sistemas interligados, em que o Tico se apoia no Teco, como mostra a figura abaixo.

Figura 3.2 – Relação sistema 1 e sistema 2

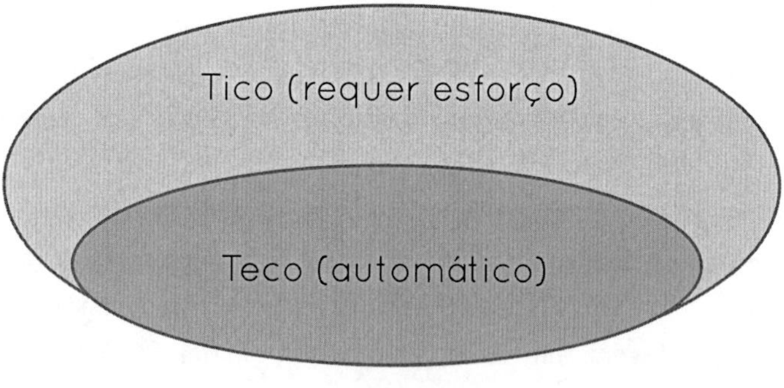

Tico (requer esforço)

Teco (automático)

Fonte: Própria autora.

Além disso, o autor menciona que o esforço mental é um contínuo que varia entre dois extremos. De um lado, é um não pensar; e do outro, o pensar muito. É como resolver um problema de física. Dependendo da atividade, teremos intensidades diferentes de pensar. Quando você atende a um telefonema, ou está cozinhando, na maioria das vezes é o piloto automático que está trabalhando. Porém isso exige algum nível de atenção. Fazer uma planilha no computador, em contrapartida, demanda mais concentração. Nas atividades rotineiras, o Teco está sempre ligado, enquanto o Tico é acionado com níveis de intensidade diferentes, dependendo da atenção necessária. A menos que estejamos dormindo ou inconscientes, o Tico será ativado na intensidade da nossa motivação para usarmos a atenção. Ou seja, o Tico aumenta o nível de conscientização à medida que aumentamos o nível de pensamento.

Figura 3.3 – Relação Tico e Teco

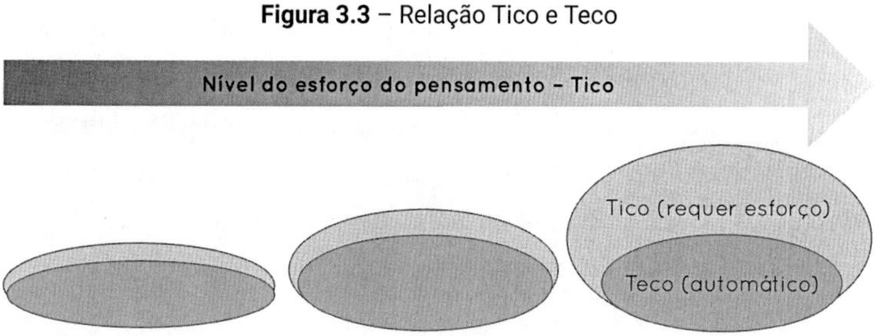

Nível do esforço do pensamento – Tico

Tico (requer esforço)
Teco (automático)

Fonte: Própria autora.

Na figura acima, podemos notar que o pensamento automático permanece inalterado. Porém, quando atingimos níveis mais elevados de pensamento, somos menos dependentes das conclusões e dos prejulgamentos do pensamento automático (crenças). O conceito de níveis diferenciados de consciência é defendido pelo neurocientista Antonio Damasio (2005) e pelo psicólogo cognitivo Jonathan Evans (2010). Ambos os autores reforçam que o Teco (sistema 1) trabalha bem abaixo do nível consciente, mas a consciência existe em níveis bem pequenos. E citam o exemplo dos sentimentos. Conseguimos reconhecer a parte cortical (consciente) das emoções (pensamento automático), que são os sentimentos. Já o Tico trabalha na maior parte com níveis de consciência maiores, no entanto depende do processamento e das memórias do Teco para poder funcionar.

Quando analisamos o *mindset* sob a óptica das crenças e do esforço, podemos traçar um contínuo entre os extremos: *mindset* fixo e *mindset* de crescimento. Enquanto Cadsby (2014) desenhou um contínuo usando a intensidade de consciência ou atenção, podemos usar a mesma lógica para traçar o contínuo de *mindset*. Lembrando que as pessoas com *mindset* fixo acreditam nas suas crenças pessoais, pois dessa forma não correm riscos e evitam o erro e a possibilidade de serem criticadas. Por outro lado, as pessoas com *mindset* de crescimento sabem que podem alterar as suas crenças, por isso se expõem ao risco e às críticas, acreditam poder mudar com disciplina e atenção. Se o esforço consciente só acontece quando empregamos atenção, podemos dizer que o esforço está diretamente relacionado com a atenção. Se o nível de consciência é baixo, isso quer dizer que o inconsciente ou as crenças predominam. Bem peculiar do *mindset* fixo. Se aumentamos o esforço, focamos a atenção e aumentamos a consciência para chegar ao estado de *mindset* de crescimento.

Figura 3.4 – Relação *mindset* de crescimento e *mindset* fixo

Fonte: Própria autora.

Observando a figura acima, vemos que o *mindset* fixo permeia todos os níveis de esforço, assim como o pensamento inconsciente. No nível mais baixo de esforço temos as rotinas e os hábitos mentais. Por exemplo: os hábitos rotineiros, como higiene matinal, alimentação ou as rotinas profissionais. Apesar de requererem pouco ou quase nenhum esforço, podemos investir algum esforço em ler um rótulo diferente, observar um formato de escova ou testar uma pasta dental diferente, ou trocar de caminho para chegar ao escritório. Todavia, existem outras atividades que exigem esforço de compreensão, como resolver uma equação, contratar novos fornecedores ou fazer um novo design de produto. Nessas atividades existe o risco, a incerteza, a criação do novo e um processo de aprendizado. Nelas, a memória executiva é acionada e irá consumir energia. Variamos a intensidade de esforço, assim como variamos a intensidade do pensamento consciente. Um processo não está dissociado do outro. Portanto, pode-se concluir que o *mindset* é um contínuo mental. Para se movimentar nesse contínuo, é preciso esforço consciente. E esse processo é ilimitado.

MINDSET E A GERAÇÃO DA INOVAÇÃO

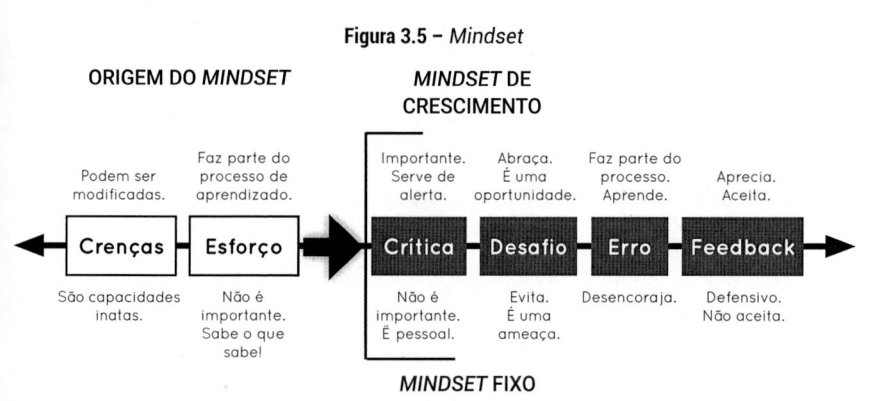

Figura 3.5 – *Mindset*

ORIGEM DO *MINDSET*		*MINDSET* DE CRESCIMENTO			
Podem ser modificadas.	Faz parte do processo de aprendizado.	Importante. Serve de alerta.	Abraça. É uma oportunidade.	Faz parte do processo. Aprende.	Aprecia. Aceita.
Crenças	**Esforço**	**Crítica**	**Desafio**	**Erro**	**Feedback**
São capacidades inatas.	Não é importante. Sabe o que sabe!	Não é importante. É pessoal.	Evita. É uma ameaça.	Desencoraja.	Defensivo. Não aceita.
		MINDSET FIXO			

Fonte: Baseado em Dweck (2006).

O CÉREBRO SOCIAL E O *MINDSET*

A influência do *mindset* nas culturas organizacionais ainda é um tema pouco estudado. Pesquisas realizadas na Universidade da Califórnia (Ucla) pelo neurocientista Matthew Lieberman comprovam que o cérebro é um órgão social. Os seres humanos desenvolveram um elo entre a conexão social e o desconforto físico, porque, na sua evolução, estar conectado com quem fornece carinho e proteção significava sobrevivência. Segundo o neurocientista, a maioria dos processos que operam em segundo plano quando o cérebro está em descanso é voltada para as relações sociais – os outros e eu. As vivências fisiológicas e neurológicas produzidas pelas emoções são poderosas e dolorosas. Ativam ou o sistema de ameaça (inconsciente e instintivo) ou o sistema de recompensa (consciente e cognitivo). Compreender o impacto dessas reações pode significar, no ambiente profissional, maior ou menor engajamento ou maior ou menor nível de criatividade.

Quando o cérebro percebe um estímulo, ele automaticamente o classifica entre ameaça ou recompensa. A ameaça gera respostas rápida, inconsciente de sobrevivência, enquanto a recompensa trabalha com os níveis superiores do cérebro, possibilitando respostas conscientes mais lentas, que aumentam a possibilidade do uso da criatividade, que por sua vez gera a inovação.

O cérebro só muda seu estado mental quando está em estado de atenção, como já foi mencionado anteriormente. Esse processo é feito na memória executiva e é um processo consciente, porém requer esforço. Pessoas que se sentem ameaçadas não conseguem atingir esse estado, pois o instinto de sobrevivência é inconsciente e rápido. Rock (2013) menciona que, para criar esse estado, as empresas precisariam colocar em prática rotinas nas quais as pessoas prestem atenção em seus padrões de pensamento (emoções e sentimentos). Esses procedimentos seriam fundamentais para o autoconhecimento e, segundo o autor, envolvem cinco dimensões das interações sociais: status, certeza, autonomia, relacionamentos e justiça. É importante frisar que as interações sociais geram, assim como qualquer estímulo externo, reações de ameaça ou oportunidade.

Status é a percepção da importância em relação aos outros. Certeza é a capacidade de prever o futuro, se sentir seguro em relação a ele. Autonomia é o sentido de controle sobre as experiências, de poder fazer as escolhas do como. O relacionamento é a capacidade de fazer conexões saudáveis, ter empatia e confiança. Justiça é a percepção de respostas e avaliações justas. O modelo Rock (2013) é conhecido como Scarf e possibilita que as pessoas possam de modo fácil lembrar, reconhecer e potencialmente modificar o seu *mindset*.

É importante frisar que as pesquisas mais recentes identificaram que os efeitos da ameaça são mais duradouros do que os de recompensa. Aliás, essa característica do nosso cérebro explica por que a mídia, os jornais e a televisão exploram exaustivamente os eventos negativos. Eles perduram mais tempo na nossa memória e ativam com mais intensidade as emoções negativas. Por outro lado, as respostas de recompensa criam mais engajamento. E o engajamento gera a vontade de se arriscar, se esforçar, correr risco e pensar mais, usar a criatividade e inovar. Esse tipo de resposta está ligado a emoções positivas, interesse, alegria, entusiasmo e desejo. Nesse estado mental o nível de dopamina se eleva e propicia o aprendizado, além de aumentar a probabilidade de gerar novas opções para resolver problemas, especialmente os mais complexos.

Conforme percebemos, classificamos e reagimos a um estímulo externo ou interno, podemos ativar pensamentos de ameaça ou recompensa. Nos ambientes profissionais obedecemos a regras, valores e desenvolvemos uma cultura que permeia por toda a organização. Percebemos que nem todos se adequam de maneira igual às orientações da organização. Isso porque a nossa resposta aos estímulos organizacionais irá depender do nosso *mindset*.

Desconstruindo o *mindset* e construindo inovação

Quadro 3.1 – *Mindset* e Scarf

Scarf	Mindset fixo	Mindset de crescimento
Status	Status é uma dimensão relevante para as pessoas de *mindset* fixo. Dar conselhos, feedbacks ou prestar uma ajuda não solicitada pode gerar reações defensivas. Isso pode significar uma comparação negativa, falta de reconhecimento e frustação, gerando ameaça.	Para gerar o *mindset* de crescimento reconheça os pequenos ganhos, gere positividade nos comentários, e peça que as pessoas façam suas próprias avaliações.
Certeza	A incerteza ativa a área orbital do córtex pré-frontal desfocando a atenção. Imaginar que seu chefe não está sendo sincero, ou que seu emprego está em jogo ativa a ameaça e limita a capacidade criativa.	Para gerar o *mindset* de crescimento crie transparência, identifique as expectativas, estipule objetivos atingíveis no curto prazo para minimizar a incerteza.
Autonomia	Quando o controle é percebido como excessivo, ele aciona o sistema nervoso simpático. O organismo aumenta a produção de cortisol, adrenalina e noradrenalina, que reduzem o calibre dos vasos sanguíneos e potencializam o risco de hipertensão e arritmias cardíacas.	Para gerar o *mindset* de crescimento é importante dar escolhas. Deixar o "como" para o time decidir. Metodologias ágeis trabalham com o princípio da autonomia, e o resultado é positivo.
Relacionamento	As interações sociais quando percebidas como nocivas geram respostas de ameaça. Alguém novo no time pode gerar resposta de ameaça. Trabalhar em grupos multifuncionais de departamentos ou culturas diferentes despertam o *mindset* fixo.	Para gerar o *mindset* de crescimento é importante construir conexões de confiança entre as pessoas. Programas de *coaching*, mentoring ou trabalhos em pequenos grupos minimizam o impacto da ameaça. Crie espaço e tempo para as pessoas se conhecerem.
Justiça	As injustiças sociais são percebidas como respostas que ativam a ínsula, parte do cérebro responsável pelas emoções de desgosto. O desgosto diminui a capacidade de empatia e aumenta a vontade de lutar por justiça.	Para gerar o *mindset* de crescimento aumente a transparência, o nível de comunicação, explore as expectativas e gere mais envolvimento e conhecimento dos detalhes no processo decisório.

Fonte: Própria autora.

A dor social é processada no cérebro da mesma maneira que a dor física. Ser excluído de uma conversa, de um jogo ou de um processo machuca tanto quanto a dor de uma fratura. Segundo Williams e Nida (2011), a rejeição social ou o ostracismo podem causar uma inflamação física no organismo ou uma depressão. E hoje já se sabe que o simples fato de observar alguém sendo rejeitado socialmente provoca o mesmo sintoma. O processo de ameaça e recompensa também é afetado pelo ambiente. As habilidades de um time não dependem única e exclusivamente da capacidade intelectual coletiva. Existe uma grande influência das interações sociais, em que ambiente corporativo e a cultura organizacional têm um grande impacto.

Quadro 3.2 – *Scarf* e a área de ativação no cérebro

Scarf	O que é?	Área de ativação do cérebro
Status	Comparar a si próprio com outras pessoas socialmente ativa resposta de ameaça ou gera recompensa.	Ameaça ativa o córtex cingulado anterior dorsal, área do cérebro envolvida no processamento da dor. Recompensa ativa o stratum.
Certeza	Intolerância pela incerteza ou ambiguidade gera ameaça.	Ameaça ativa o circuito límbico, gerando estresse e ansiedade. Aumenta nível de cortisol.
Autonomia	Maior poder de controle sobre suas próprias decisões aumenta bem-estar, funções cognitivas e melhora a saúde.	Motivação intrínseca que ativa a ínsula anterior que está envolvida na empatia, aumentando a satisfação e a colaboração.
Relacionamento	Sentido de estar conectado e pertencer a um grupo ou comunidade, aumentando a confiança e a empatia.	Produção de oxitocina que reduz a ativação da amígdala e melhora as informações sociais e emocionais, aumentando a empatia.
Justiça	Justiça é um processamento racional que surge das relações sociais.	Injustiça ativa a ínsula anterior e a amígdala.

Fonte: Própria autora.

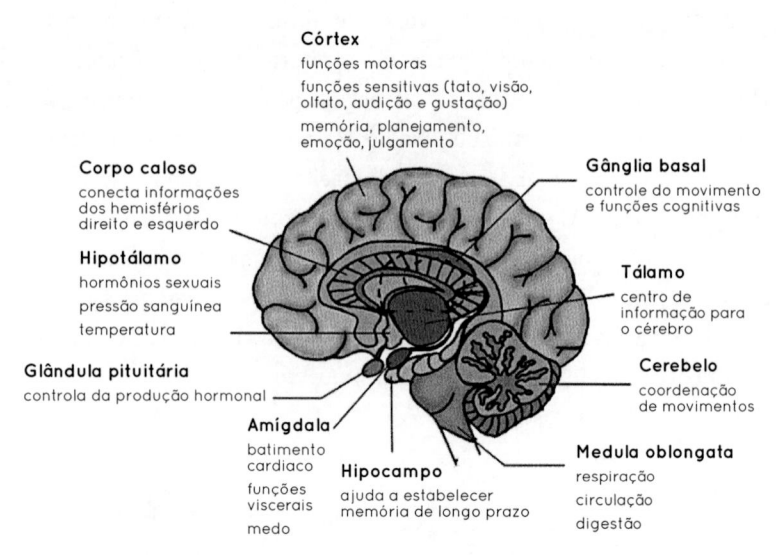

Figura 3.6 – Partes do cérebro envolvidas no Scarf

Córtex
funções motoras
funções sensitivas (tato, visão, olfato, audição e gustação)
memória, planejamento, emoção, julgamento

Corpo caloso
conecta informações dos hemisférios direito e esquerdo

Hipotálamo
hormônios sexuais
pressão sanguínea
temperatura

Glândula pituitária
controla da produção hormonal

Amígdala
batimento cardíaco
funções viscerais
medo

Hipocampo
ajuda a estabelecer memória de longo prazo

Gânglia basal
controle do movimento e funções cognitivas

Tálamo
centro de informação para o cérebro

Cerebelo
coordenação de movimentos

Medula oblongata
respiração
circulação
digestão

Fonte: Disponível em: <https://www.passeidireto.com/arquivo/53117864/sn-do-cerebro>. Acesso em: 18 fev. 2019.

RESUMO

➤ O conceito de *mindset* está centrado na crença de se poder ou não alterar os traços ou as características pessoais. Quando adquirimos consciência de como pensamos, somos capazes de alterar nossos pensamentos;

➤ *Mindset* fixo: pessoas que acreditam que as características pessoais são inatas e não podem ser alteradas;

➤ *Mindset* de crescimento: pessoas que acreditam que os traços pessoais são controláveis e mutáveis com esforço;

➤ DÓI fazer mudanças na forma como pensamos, pois são as crenças que motivam ou inibem as nossas capacidades e nossos comportamentos;

➤ Para mudar o nosso *mindset* temos que ter consciência sobre as nossas crenças;

- Pessoas com *mindset* de crescimento são mais tolerantes e têm uma predisposição para rever seus julgamentos iniciais;
- *Mindset* é um contínuo mental que varia entre o fixo e o de crescimento;
- *Mindset* de crescimento ativa circuitos neurais que proporcionam maior precisão na correção do erro;
- Pessoas com *mindset* fixo são mais propensas aos vieses cognitivos.

QUESTÕES PARA REFLEXÃO

Inventário de crenças

As crenças são as programações mentais que desenvolvemos ao longo da vida e que direcionam as nossas capacidades, comportamentos, ações e escolhas. Faça uma breve pausa, respire fundo e reflita sobre os pensamentos e comportamentos que transitam em sua mente em cada uma das situações abaixo. Anote o que for percebendo para começar o seu inventário de crenças. Quando tomamos consciência das nossas crenças, aumentamos nossa capacidade de mudá-las.

- Como você se percebe? *Mindset* fixo ou de crescimento? Em quais momentos? Alguma explicação consciente desse(s) comportamento(s)? Você poderia transformar esses momentos em experiências de crescimento? Como?
- Como você se percebe no ambiente profissional? *Mindset* fixo ou de crescimento? Em quais momentos? Você poderia transformar esses momentos em experiências de crescimento? Como?
- Como você age com relação a outras pessoas? *Mindset* fixo ou de crescimento? Alguma pessoa em especial? Alguma razão consciente? Você poderia transformar essa relação em experiências de crescimento? Como?

- Como você se percebe no seu ecossistema social, institucional, educacional? *Mindset* fixo ou de crescimento? Em quais momentos? Alguma razão especial consciente? Você poderia transformar esses momentos em experiências de crescimento? Como?
- Há alguma experiência ou fato marcante em que você vivenciou o *mindset* de crescimento com todo seu potencial? Quais elementos estavam presentes que o ajudaram a vivenciar essa experiência? Relembre e memorize com o maior número de detalhes essa experiência para tentar repeti-la em outros momentos.

Anote todos os *insights* que surgirem. Com o seu inventário já desenhado, faça um plano de ação e comece já a transformação! Pense no que irá fazer nas próximas 24 horas, na semana, no mês e nos próximos meses. Persista na mudança!

TESTE DE *MINDSET*

1. Você possui um nível de inteligência e, na verdade, não tem com mudá-la.					
( ) Concordo Totalmente	( ) Concordo	( ) Concordo Parcialmente	( ) Discordo Parcialmente	( ) Discordo	( ) Discordo Totalmente
2. Sua inteligência é uma característica inata sua que não tem como ser alterada.					
( ) Concordo Totalmente	( ) Concordo	( ) Concordo Parcialmente	( ) Discordo Parcialmente	( ) Discordo	( ) Discordo Totalmente
3. Não importa quem vocês seja, você pode alterar significativamente seu nível de inteligência.					
( ) Concordo Totalmente	( ) Concordo	( ) Concordo Parcialmente	( ) Discordo Parcialmente	( ) Discordo	( ) Discordo Totalmente
4. Honestamente, você não pode alterar sua inteligência.					
( ) Concordo Totalmente	( ) Concordo	( ) Concordo Parcialmente	( ) Discordo Parcialmente	( ) Discordo	( ) Discordo Totalmente
5. Você sempre pode alterar substancialmente seu nível de inteligência.					
( ) Concordo Totalmente	( ) Concordo	( ) Concordo Parcialmente	( ) Discordo Parcialmente	( ) Discordo	( ) Discordo Totalmente

Mindset: afinal, o que é isso?

6. Você pode aprender coisas novas, mas não pode alterar o seu nível básico de inteligência.					
( ) Concordo Totalmente	( ) Concordo	( ) Concordo Parcialmente	( ) Discordo Parcialmente	( ) Discordo	( ) Discordo Totalmente
7. Não importa quão inteligente você seja, você sempre poderá alterar bastante seu nível de inteligência.					
( ) Concordo Totalmente	( ) Concordo	( ) Concordo Parcialmente	( ) Discordo Parcialmente	( ) Discordo	( ) Discordo Totalmente
8. Você pode mudar o nível básico de inteligência consideravelmente.					
( ) Concordo Totalmente	( ) Concordo	( ) Concordo Parcialmente	( ) Discordo Parcialmente	( ) Discordo	( ) Discordo Totalmente
9. Você tem um certo nível de talento, e não há como alterar isso.					
( ) Concordo Totalmente	( ) Concordo	( ) Concordo Parcialmente	( ) Discordo Parcialmente	( ) Discordo	( ) Discordo Totalmente
10. O talento para alguma área é algo que não se pode alterar.					
( ) Concordo Totalmente	( ) Concordo	( ) Concordo Parcialmente	( ) Discordo Parcialmente	( ) Discordo	( ) Discordo Totalmente
11. Não importa quem você seja, sempre é possível alterar o nível de talento.					
( ) Concordo Totalmente	( ) Concordo	( ) Concordo Parcialmente	( ) Discordo Parcialmente	( ) Discordo	( ) Discordo Totalmente
12. Honestamente, você não pode alterar seu talento.					
( ) Concordo Totalmente	( ) Concordo	( ) Concordo Parcialmente	( ) Discordo Parcialmente	( ) Discordo	( ) Discordo Totalmente
13. Você sempre pode alterar substancialmente o talento que você tem.					
( ) Concordo Totalmente	( ) Concordo	( ) Concordo Parcialmente	( ) Discordo Parcialmente	( ) Discordo	( ) Discordo Totalmente
14. Você pode aprender coisas novas, mas realmente não pode alterar o seu nível básico de talento.					
( ) Concordo Totalmente	( ) Concordo	( ) Concordo Parcialmente	( ) Discordo Parcialmente	( ) Discordo	( ) Discordo Totalmente
15. Independentemente do talento que você possui, você pode sempre alterá-lo substancialmente.					
( ) Concordo Totalmente	( ) Concordo	( ) Concordo Parcialmente	( ) Discordo Parcialmente	( ) Discordo	( ) Discordo Totalmente
16. Você pode alterar até mesmo o seu nível básico de talento consideravelmente.					
( ) Concordo Totalmente	( ) Concordo	( ) Concordo Parcialmente	( ) Discordo Parcialmente	( ) Discordo	( ) Discordo Totalmente

Fonte: Dweck (2008).

RESULTADOS DO TESTE DE *MINDSET*

Questões 1, 2, 4, 6, 9, 10, 12 e 14 devem ser pontuadas usando a escala Likert de 1 a 6 (concordo totalmente = 1, concordo = 2, concordo parcialmente = 3, discordo parcialmente = 4, discordo = 5, e discordo totalmente = 6). Questões 3, 5, 7, 8, 11, 13, 15, 16 devem ser pontuadas usando a escala Likert de 6 a 1 (concordo totalmente = 6, concordo = 5, concordo parcialmente = 4, discordo parcialmente = 3, discordo = 2. e discordo totalmente = 1).

A soma dos valores das questões é uma orientação da sua preferência. Lembre-se de que o *mindset* é um contínuo. É lógico que você tem uma preferência, mas pode variar o seu *mindset* em função da atividade, além de poder alterá-lo substancialmente. A faixa intermediária de pontuação que vai de 24 a 72 pontos são ilustrativas dessa variação. Entre 24 e 48, a preferência é *mindset* fixo. Porém, você pode ter mais flexibilidade para determinadas atividades que o ajudam a desenvolver o *mindset* de crescimento. A faixa de 48 a 72 é de pessoas que preferem o *mindset* de crescimento, mas usam o *mindset* fixo para determinadas atividades.

Se o seu *mindset* não está nos extremos do espectro, é porque existem lições a serem aprendidas, que envolvem uma mudança na forma de pensar. Essa mudança deverá ser contínua e gradual. Abra espaço no seu dia a dia para os questionamentos e esteja atento ao seu modo de pensar. O *mindset* é uma escolha que irá determinar o seu limite. Se você optar pelo *mindset* fixo, provavelmente estará encurtando o seu desenvolvimento e vivenciando parcialmente o seu potencial. Porém, se a sua escolha for o *mindset* de crescimento, você desenvolverá infinitas possibilidades de aprendizado. Existem situações pessoais ou organizacionais em que o *mindset* fixo é mais presente. São os casos que envolvem disciplina, organização ou foco nos detalhes. Usar esse *mindset* nessas situações, momentaneamente, pode ser razoável. Mas é preciso estar atento para que essas escolhas não se tornem definitivas, inibindo as possibilidades de se aprender o "novo".

_ 4 _

Mindset impacta a cultura organizacional?

As empresas não são máquinas e as pessoas não são engrenagens, pois têm valores, sentimentos, impressões, opiniões, motivações e uma trajetória individual.
Ken Robinson

A cultura organizacional tem impacto no *mindset* das pessoas. Uma das principais descobertas da neurociência cultural está relacionada com a plasticidade e as mudanças neurais como resposta ao ambiente. As ativações neurais podem mudar em função da necessidade de se adaptar a novos aprendizados oriundos de uma nova cultura. Hedden et al. (2008) descobriram que até uma exposição temporária a outra cultura pode mudar o padrão de ativação do cérebro para uma mesma atividade. Isso quer dizer que, embora as pessoas desenvolvam padrões habituais de comportamento, depois da sua exposição repetida a uma determinada cultura, o cérebro mantém a sua capacidade de se adaptar a novas influências culturais. Entretanto, nem todos as pessoas com experiências multiculturais têm a mesma capacidade de adaptação.

Murphy e Dweck (2010) identificaram que as pessoas, quando querem ser aceitas dentro dos ambientes organizacionais, adaptam-se para demonstrar qualidades que elas acreditam ser valorizadas pelos seus colegas e pela empresa. Por exemplo, quando elas estão se candidatando para uma posição, ou estão fazendo uma entrevista de emprego, inferem as características que serão percebidas como as valorosas pelos seus empregadores ou entrevistadores. A mudança de comportamento internalizada irá refletir nas crenças pessoais e poderá gerar efeitos duradouros que interferirão no seu *mindset*. Pode-se então concluir que um ambiente organizacional molda o comportamento das pessoas em função dos seus valores, como identificado por Dilts (2014).

> Quando líderes são controladores e abusivos, eles colocam todo o time no *mindset* fixo. Em vez de aprender, desenvolver-se e ajudar a empresa a crescer, o time foca a atenção no julgamento... Difícil para a inovação sobreviver (DWECK, 2008, p. 124.)

As empresas, em função dos seus valores e suas crenças, também desenvolvem um *mindset*, que pode ser fixo ou de crescimento. As startups, por exemplo, desenvolvem culturas organizacionais que fomentam a inovação e a criatividade. Incentivam a autonomia, os relacionamentos sociais, a justiça e não valorizam a hierarquia ou o status. Essas dimensões incentivam o *mindset* de crescimento. Todavia, a incerteza pode florescer nessas empresas quando os processos ainda não estão totalmente implantados, as eventualidades fazem parte do cotidiano ou o processo decisório não é claro. Por outro lado, as organizações tradicionais, criadas com base no comando-controle tendem a desenvolver o *mindset* fixo, pois privilegiam o status e a certeza em detrimento da autonomia. Criam os departamentos que geram os silos funcionais que reduzem os relacionamentos sociais mais abertos, e a percepção de justiça está condicionada ao nível hierárquico.

MINDSET E A CULTURA ORGANIZACIONAL

Quinn e Cameron (2006), professores da Universidade de Michigan, desenvolveram uma vasta pesquisa para entender a interação entre os diversos fatores que competem dentro de uma organização. O resultado desse estudo foi a matriz *Competing Values Framework* (CVF), que analisa a efetividade de uma organização segundo duas dimensões paradoxais: flexibilidade e adaptabilidade versus estabilidade e controle, e controles internos eficientes versus posicionamentos competitivos com foco no mercado. Desse mapa emergiram quatro quadrantes organizacionais: Hierarquia, Mercado, Comunidade e Adhocracia. Cada um deles tem orientações contraditórias para criação de valor. Quando uma organização se posiciona estrategicamente em um quadrante, cria processos, investe recursos que, ao interagirem, irão gerar valores e uma cultura organizacional. E essa cultura irá moldar o *mindset* da organização.

A mudança de cultura organizacional, assim como a mudança das crenças pessoais, não é algo simples, requer esforço. Por essa razão, Quinn e Cameron (2006) mencionam que mesmo quando os processos e as estratégias se alteram, os valores, as orientações, definições e os objetivos permanecem constantes, impulsionando as organizações a retornarem rapidamente para o *statu quo*. Conceito que reforça os níveis neurológicos de Dilts (2014) – assim como nas pessoas, as modificações no aprendizado organizacional acontecem de cima para baixo. Para mudar o comportamento, é preciso mudar os valores, e isso vale também para as pessoas. Os tipos de personalidade, estilo pessoal e hábitos de comportamento raramente se alteram sem se revisitar os valores e as crenças que permeiam o indivíduo ou a organização. As tentativas frustradas de se fazer a mudança organizacional necessária acabam deteriorando a confiança e o clima dentro da organização.

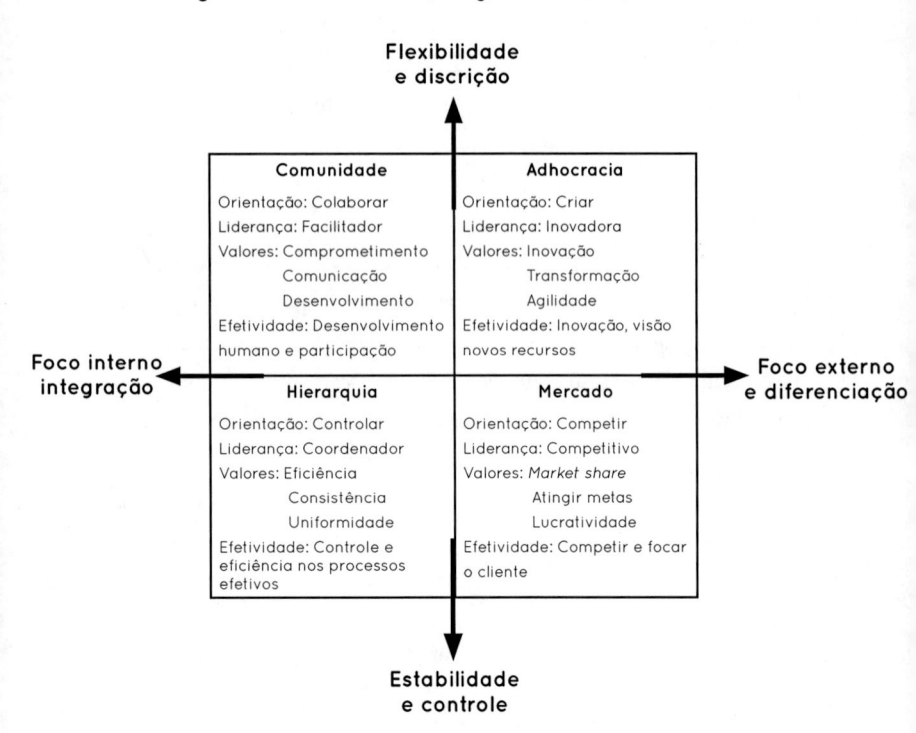

Figura 4.1 – Matriz de cultura organizacional – Quinn & Cameron

```
                    Flexibilidade
                    e discrição
                         ▲
        ┌────────────────┼────────────────┐
        │   Comunidade   │   Adhocracia   │
        │ Orientação: Colaborar │ Orientação: Criar │
        │ Liderança: Facilitador │ Liderança: Inovadora │
        │ Valores: Comprometimento │ Valores: Inovação │
        │   Comunicação  │    Transformação │
        │   Desenvolvimento │  Agilidade │
        │ Efetividade: Desenvolvimento │ Efetividade: Inovação, visão │
Foco interno │ humano e participação │ novos recursos │ Foco externo
integração ◄┼────────────────┼────────────────┼► e diferenciação
        │   Hierarquia   │    Mercado     │
        │ Orientação: Controlar │ Orientação: Competir │
        │ Liderança: Coordenador │ Liderança: Competitivo │
        │ Valores: Eficiência │ Valores: Market share │
        │   Consistência │   Atingir metas │
        │   Uniformidade │   Lucratividade │
        │ Efetividade: Controle e │ Efetividade: Competir e focar │
        │ eficiência nos processos │ o cliente │
        │ efetivos       │                │
        └────────────────┼────────────────┘
                         ▼
                    Estabilidade
                    e controle
```

Fonte: Própria autora.

A abordagem de Quinn e Cameron (2006) foi usada como pano de fundo para testar o *mindset* de quatro organizações de setores de atuação diferentes. Cada uma delas identificadas com predominância em um dos quatro quadrantes definidos em Quinn e Cameron: Hierarquia, Mercado, Comunidade e Adhocracia.

A pesquisa realizada uniu as dimensões Scarf com a cultura organizacional. As quatro hipóteses testadas foram:
- Hipótese 1: Culturas organizacionais que estimulam flexibilidade e autonomia favorecem o *mindset* de crescimento;
- Hipótese 2: Culturas organizacionais que focam a estabilidade e o controle favorecem o *mindset* fixo;

- Hipótese 3: Quanto maior o grau de autonomia, maior a probabilidade de desenvolver o *mindset* de crescimento.

A escolha dessas três hipóteses foi feita com base no conhecimento discutido anteriormente sobre o processo neurológico da cognição humana. A autonomia que permeia duas hipóteses está relacionada com a motivação intrínseca em vez da motivação extrínseca. Segundo Lee e Reeve (2011), comportamentos que acionam a motivação intrínseca ativam a ínsula anterior. A ínsula é uma das áreas mais profundas do cérebro e trabalha em parceria com o córtex pré-frontal e a amígdala. É ela que traduz para o cérebro os sons, os cheiros ou sabores em emoções e sentimentos como nojo, desejo, orgulho, arrependimento, culpa ou empatia. No córtex insular anterior se encontram as células de *Von Economo* (VEN), as quais existem somente em mamíferos, responsáveis pela evolução do comportamento social, principalmente a empatia, que é a capacidade de perceber estados emocionais dos outros.

Além da motivação intrínseca, Inesi et al. (2011) descobriram que a falta de autonomia – poder para escolher ou controlar suas próprias ações – gera insatisfação nas pessoas. Essa descoberta tem implicações diretas nos ambientes organizacionais, especialmente no *mindset*, pois **a autonomia é reconhecida pelo nosso cérebro como um processo de recompensa, que aumenta a nossa atenção e impulsiona a vontade de transformar e colaborar**. Ambas as dimensões relacionadas com a inovação.

Comunidade e Adhocracia têm culturas mais flexíveis e tendem a dar mais autonomia para seus colaboradores. Porém, nas empresas tipo Comunidade, o grau de autonomia é delimitado pelo foco mais centrado nos processos internos. Diferente do nível de autonomia da Adhocracia, cujo foco é a inovação. Nessas empresas, os times multifuncionais trabalham com autonomia e agilidade. As práticas relacionadas com as metodologias ágeis têm acelerado ainda mais essa capacidade. A Natura, por exemplo, tem um perfil de empresa

Comunidade. A empresa é centrada na preservação dos valores (longo prazo) e no desenvolvimento da sua rede de colaboradores e parceiros. Nos últimos anos, com a internacionalização e a aquisição de duas empresas internacionais, a australiana Aesop e a britânica The Body Shop, a Natura começa a dar sinais de uma mudança. Talvez buscando um deslocamento maior para o eixo da Adhocracia.

Figura 4.2 – Matriz de cultura organizacional e Scarf

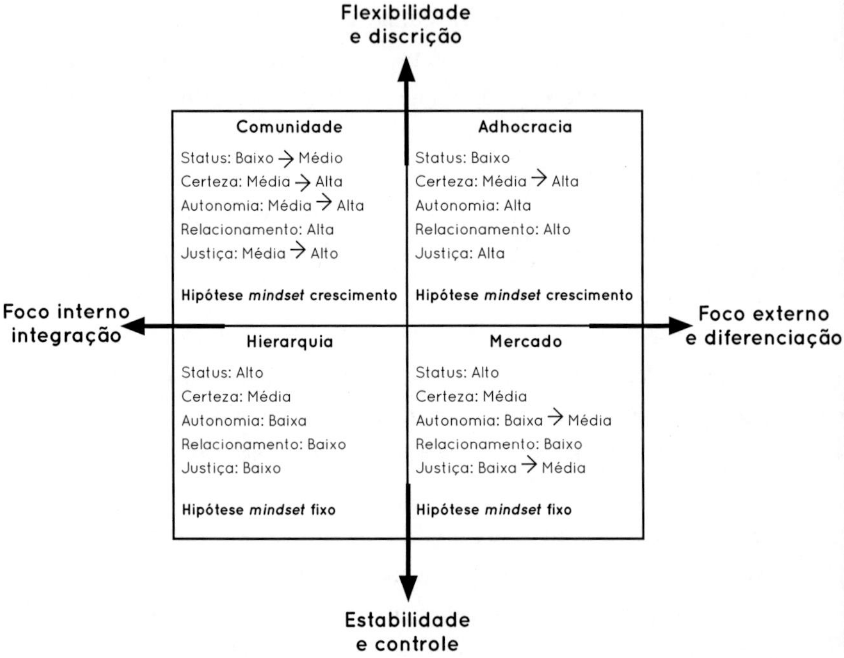

```
                        Flexibilidade
                         e discrição
                              ▲
        ┌─────────────────────┼─────────────────────┐
        │     Comunidade      │      Adhocracia     │
        │ Status: Baixo → Médio│ Status: Baixo       │
        │ Certeza: Média → Alta│ Certeza: Média → Alta│
        │ Autonomia: Média → Alta│ Autonomia: Alta   │
        │ Relacionamento: Alta│ Relacionamento: Alto│
        │ Justiça: Média → Alto│ Justiça: Alta      │
        │                     │                     │
        │ Hipótese mindset crescimento │ Hipótese mindset crescimento │
Foco interno ◄──────────────────┼─────────────────────► Foco externo
integração   │     Hierarquia      │       Mercado       │ e diferenciação
        │ Status: Alto        │ Status: Alto        │
        │ Certeza: Média      │ Certeza: Média      │
        │ Autonomia: Baixa    │ Autonomia: Baixa → Média│
        │ Relacionamento: Baixo│ Relacionamento: Baixo│
        │ Justiça: Baixo      │ Justiça: Baixa → Média│
        │                     │                     │
        │ Hipótese mindset fixo│ Hipótese mindset fixo│
        └─────────────────────┼─────────────────────┘
                              ▼
                         Estabilidade
                          e controle
```

Fonte: Própria autora.

Os resultados da pesquisa comprovaram as três hipóteses testadas.
1. Empresa financeira – Hierarquia – instituição financeira: amostra de 43 gestores. O gráfico da amostra indica uma maior incidência de pessoas com tendência ao *mindset* fixo.

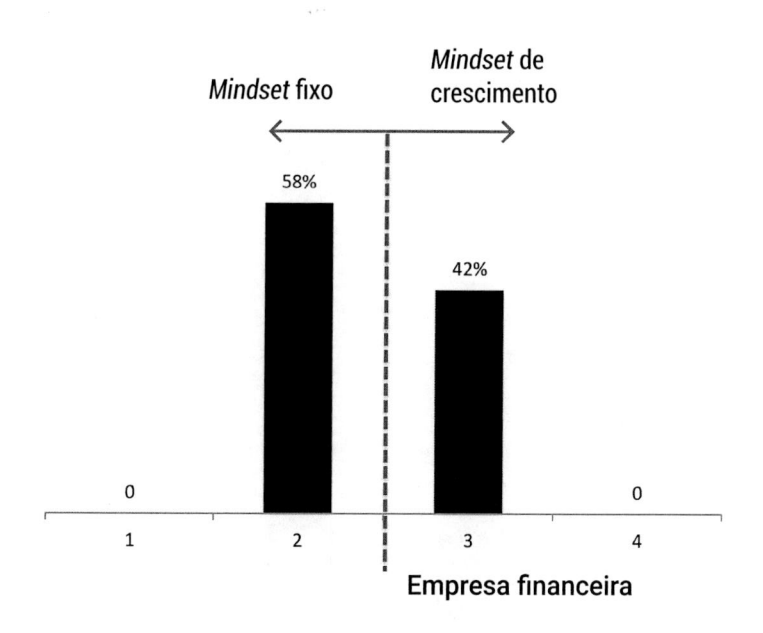

Gráfico 4.1 – Resultado pesquisa: Empresa financeira

```
              Mindset fixo    Mindset de
                              crescimento
              ←─────────────────────────→

                  58%
                              
                                  42%
                  
              0                           0
         ┌────┬────────┬────────┬────────┐
         1        2        3        4
                    Empresa financeira
```

Fonte: Própria autora.

A hipótese 2 é reforçada nessa amostra analisada. Predominância do *mindset* fixo. Porém, foi percebido que já existe uma mudança acontecendo dentro da empresa, encabeçada especialmente pela tecnologia. O grupo de colaboradores, na sua maioria, se mostrou *mindset* de crescimento. Uma das razões para isso pode ser o próprio mercado, que está impulsionando uma transformação buscando agilidade nos processos e escolhendo o digital no lugar do analógico. Na área de tecnologia, a metodologia ágil vem sendo amplamente utilizada, reforçando a autonomia como premissa fundamental para a agilidade. Nesse tipo de cultura as dimensões do Scarf não são privilegiadas. O ambiente de hierarquia e controle ativa negativamente o status, a autonomia, o relacionamento e a justiça, favorecendo o *mindset* fixo.

2. Empresa de tecnologia – Mercado – atua na prestação de serviços de tecnologia da informação (*Information Technology Management*) e da gestão tecnológica (*Business Process Management*): amostra de 38 gestores.

Gráfico 4.2 – Resultado pesquisa: Empresa de tecnologia

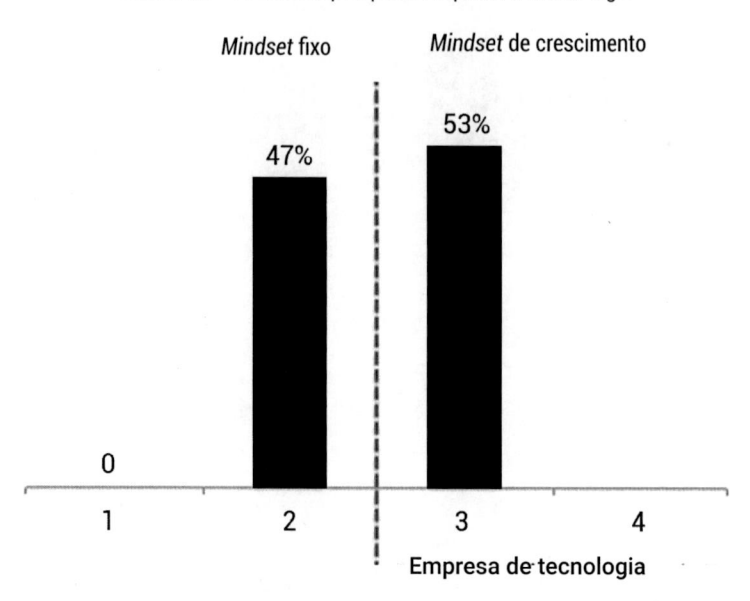

Mindset fixo	*Mindset* de crescimento
47%	53%

Empresa de tecnologia

Fonte: Própria autora.

A amostra analisada indica que ainda existe um percentual representativo de *mindset* fixo dentro da empresa, como já era esperado. Na empresa de Mercado, o foco está na competição. No ambiente competitivo, os aspectos de status, certeza, relacionamento e justiça são ativados negativamente. A autonomia pode existir internamente, porém certamente ela é cerceada pelo foco nos resultados, o que diminui a capacidade de colaboração. O grande esforço da empresa no momento é a transformação para acelerar a inovação tecnológica. As metodologias ágeis ainda são incipientes, mas estão nos objetivos de curtíssimo prazo.

3. Empresa de saúde – Comunidade – empresa atua na área de laboratórios e exames clínicos: amostra de quinze colaboradores.

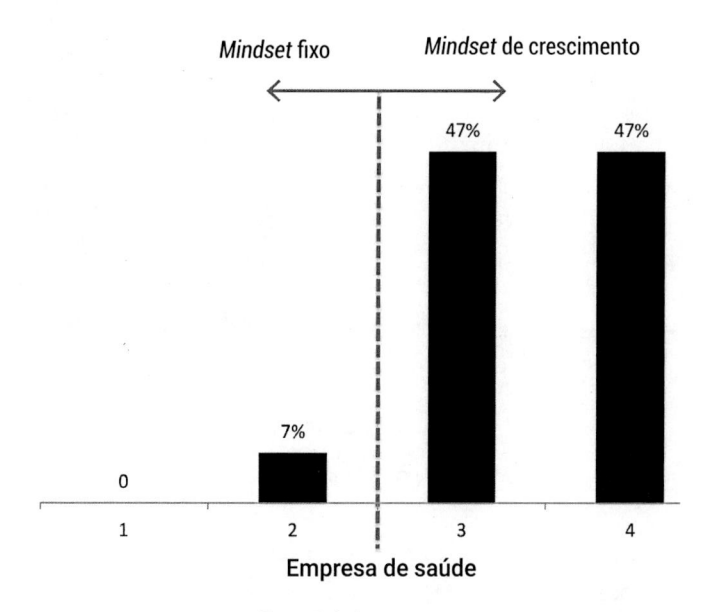

Gráfico 4.3 – Resultado pesquisa: Empresa de saúde

Mindset fixo ← | → *Mindset* de crescimento

Empresa de saúde

- 1: 0
- 2: 7%
- 3: 47%
- 4: 47%

Fonte: Própria autora.

Apesar de a amostra ter sido pequena, foi representativa dos diversos setores da empresa. Fica patente a predominância do *mindset* de crescimento. Somente uma única pessoa da amostra apresentou *mindset* fixo. Nesse tipo de cultura o status, a autonomia e o relacionamento predominam, criando crenças de recompensa e motivando as pessoas intrinsecamente, além do senso de justiça que surge das relações sociais saudáveis e percebidas como justas em todos os níveis da organização.

Startup de tecnologia – Adhocracia – empresa startup do setor de inteligência artificial: amostra de quinze colaboradores.

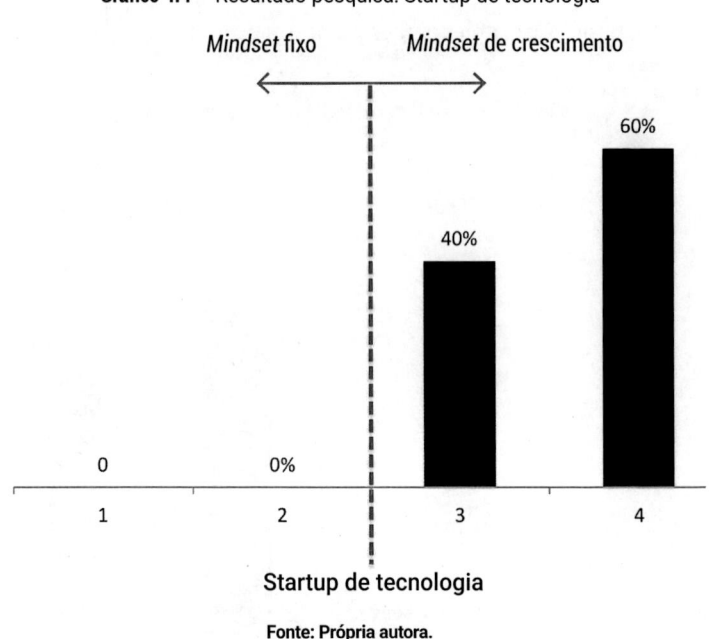

Gráfico 4.4 – Resultado pesquisa: Startup de tecnologia

Mindset fixo   *Mindset* de crescimento

Startup de tecnologia

Fonte: Própria autora.

É notória a diferença entre as culturas. Na startup de tecnologia, as dimensões do Scarf são vivenciadas em todos os ambientes. A maioria dos colaboradores que participou da pesquisa apresentou *mindset* de crescimento, e alguns em níveis bem elevados. Nenhum colaborador na amostra apresentou *mindset* fixo. Talvez o próprio ambiente de coworking, com espaços abertos, que é onde se localiza a startup, atraia pessoas com *mindset* de crescimento.

Uma quinta empresa foi inserida na avaliação para verificar se realmente qualquer startup tem *mindset* de crescimento predominante. Essa apresenta mais de cinco anos de vida e tem crescido muito nos últimos anos, além de ter sido pioneira no uso de tecnologia de inteligência artificial para modelar o desempenho do mercado financeiro. Possui poucos colaboradores, e por isso o teste foi feito com a totalidade dos funcionários.

4. Startup financeira – empresa administradora de fundos de investimento: amostra de oito colaboradores.

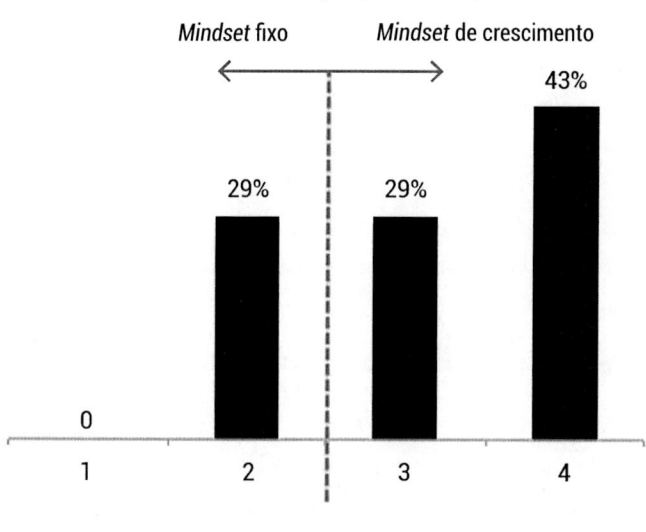

Gráfico 4.5 – Resultado pesquisa: Startup financeira

Mindset fixo ← | → *Mindset* de crescimento

1	2	3	4
0	29%	29%	43%

Startup financeira

Fonte: Própria autora.

A cultura da empresa tende para a Adhocracia, porém com forte influência para Mercado. Apesar de o ambiente favorecer a autonomia e não existir hierarquia (equipe pequena de oito pessoas), existem traços de controle. Talvez pela influência do sócio-fundador, que é um *mindset* fixo – jovem brilhante, porém com crenças muito fortes.

CONSIDERAÇÕES SOBRE A PESQUISA DE CULTURA

Por meio dos resultados da pesquisa, as três hipóteses iniciais foram confirmadas, porém algumas restrições precisam ser esclarecidas. As amostras aleatórias utilizadas em todas as empresas foram pequenas, com exceção da startup financeira. Esse fato reforça que existe espaço para aprofundar a pesquisa, verificando se o *mindset* permeia todos os níveis hierárquicos, todos os departamentos, e se existem funções que possibilitem dentro de um mesmo ambiente profissional desenvolver um *mindset* diferente. Reforçando o que Dweck (2010) menciona em seu artigo sobre a cultura dos gênios, as pessoas acham plausíveis as abordagens de *mindset* fixo e de crescimento. Entretanto, elas tendem a se fixar em uma delas mais fortemente do que a outra. Para entrar, ou para serem bem-sucedidas em uma organização, as pessoas se adaptam aos principais atributos da cultura organizacional. Esses atributos reforçados acabam se tornando crenças que tendem a ficar instaladas. Neurologicamente, é importante uma reflexão. Se as crenças pessoais – *mindset* pessoal – forem diferentes do *mindset* da organização, após algum tempo a pessoa acaba se adaptando e moldando as suas próprias crenças. Se houver um alinhamento entre a crença pessoal e a da organização, haverá um casamento feliz e provavelmente duradouro. Porém, se o alinhamento não existir, trabalhar passa a ser um processo emocionalmente desgastante. Como já foi mencionado anteriormente, viver sob estresse pode causar uma série de impactos emocionais e fisiológicos negativos.

Falar de cultura organizacional para inovação sem mencionar a abertura ao erro seria no mínimo uma falha. Apesar de estudos de *mindset* aplicados especificamente para o mundo corporativo ainda não terem sido feitos, Moser et al. (2011) estudaram as ondas cerebrais de 25 alunos de graduação em um experimento on-line para verificar quais eram suas reações neurológicas quando cometiam erros e como se preparavam para fazer correções em um texto. Dois tipos de respostas foram identificadas nos alunos: as respostas positivas (Pe: *error positivity*) e as negativas (ERN: *error related negativity*). As ERN são emitidas pela área que monitora nossos comportamentos, relacionada com o status, o córtex cingulado anterior, assim como o Pe. O primeiro tipo tem uma resposta de conflito, enquanto o segundo apresenta a resposta de atenção. O resultado desse experimento mostrou que as crenças pessoais interferem na adaptabilidade pessoal de perceber e superar o erro. Isso quer dizer que, neurologicamente, os alunos com *mindset* de crescimento ativam os circuitos neurais conscientes da atenção e esse mecanismo proporciona maior precisão no entendimento do feedback e na correção do erro. Portanto, organizacionalmente, estimular *mindset* de crescimento propicia ambientes mais adaptáveis à identificação e à correção do erro.

Além do erro, Ehrlinger e Dweck (2007) relacionam o *mindset* com os vieses cognitivos. As pessoas de *mindset* fixo estão mais propensas a esses vieses. Elas se conectam com as informações positivas que confirmam as suas próprias crenças – vide o caso da startup financeira mencionada na pesquisa. Por essa razão, elas tendem a não perceber as informações negativas que poderiam ajudá-las a calibrar melhor as suas convicções, minimizando a confiança excessiva relativa ao seu próprio conhecimento. Já as pessoas com *mindset* de crescimento estão abertas para as informações tanto positivas quanto negativas. Ou seja, elas estão mais preparadas para revisitar e reaprender, mostrando um equilíbrio melhor para ajustar o foco e calibrar a precisão do seu próprio conhecimento. No próximo capítulo serão explorados com mais detalhes os vieses cognitivos e o *mindset*.

MINDFULNESS E MEDITAÇÃO COMO PRÁTICA

Ainda neste capítulo vou fazer uma pequena inserção sobre uma pergunta que sempre me fazem em palestras e seminários sobre o papel de técnicas como o *mindfulness* e a meditação na mudança de *mindset*. O *mindfulness* é a consciência que temos sobre os nossos pensamentos, nossas emoções e ações. Significa estar presente, consciente no momento da prática. Pesquisas recentes indicam que a prática de *mindfulness* e a meditação melhoram a capacidade de atenção e a autorregulação, que têm o potencial de reduzir o estresse, aumentar o bem-estar e melhorar a performance tanto profissional quanto pessoal. Os três princípios fundamentais do *mindfulness* são: consciência no presente, suspender julgamento e aceitação. As funções neurológicas que são ativadas no processo envolvem três circuitos cerebrais: alerta, orientação e o controle executivo. Pesquisas com praticantes de meditação – 10 mil a 54 mil horas de prática – indicaram uma grande ativação dos circuitos de atenção, tais como o córtex pré-frontal, o cérebro midial e o córtex parietal. Outra propriedade detectada nas pesquisas realizadas por Slagter et al. (2007) foi o aumento no controle dos recursos limitados do cérebro com o aumento do circuito da atenção.

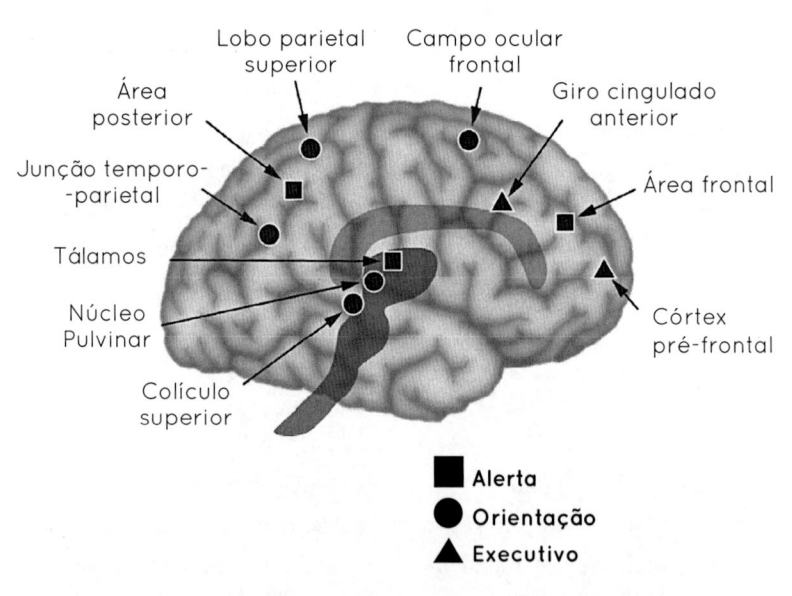

Figura 4.3 – Circuitos cerebrais de atenção

Fonte: <https://www.cambridge.org/core/books/handbook-of-psychophysiology/probing-the-mechanisms-of-attention/7F04BA35AADC05E500EDF2848E2471A3>. Acesso em: 18 fev. 2019.

RESUMO

- As empresas, em função dos seus valores e suas crenças, também desenvolvem um *mindset* que pode ser fixo ou de crescimento;
- As pessoas, quando querem ser aceitas dentro dos ambientes organizacionais, adaptam-se para demonstrar qualidades que elas acreditam ser valorizadas pela empresa. A mudança de comportamento internalizada irá refletir no *mindset* do colaborador;
- Líderes controladores e abusivos colocam todo o time no *mindset* fixo;
- Empresas hierárquicas e competitivas tendem a desenvolver o *mindset* fixo;
- Empresas que valorizam a colaboração e a inovação tendem a desenvolver o *mindset* de crescimento;
- Flexibilidade e autonomia estimulam culturas organizacionais que favoreçam o *mindset* de crescimento;
- Estabilidade, hierarquia e controle estimulam culturas organizacionais que favoreçam o *mindset* fixo;
- Quanto maior o grau de autonomia, maior a probabilidade de desenvolver o *mindset* de crescimento;
- *Mindset* de crescimento ativa circuitos neurais que proporcionam maior precisão na correção do erro;
- Pessoas com *mindset* fixo são mais propensas aos vieses cognitivos.

QUESTÕES PARA REFLEXÃO

- O que é mais comum na sua organização?
    - Reuniões essencialmente focadas na discussão de resultados.
    - Reuniões essencialmente focadas no aprendizado.
- O que é mais comum na sua organização?
    - Operar dentro de padrões e limites convencionais.
    - Operar fora dos padrões convencionais, mesmo que no primeiro momento aparentem ser impraticáveis.

- O que é mais comum na sua organização?
  - Foco na performance atual do negócio.
  - Foco na performance atual do negócio e sem um incentivo criativo do negócio.
- O que é mais comum na sua organização?
  - Incentivar e reconhecer os resultados individuais.
  - Incentivar e reconhecer a colaboração.
- O que é mais comum na sua organização?
  - Escolher a melhor entre boas opções.
  - Combinar o melhor entre todas as opções.
- O que é mais comum na sua organização?
  - Tudo é urgente e rápido!
  - Nem tudo é urgente e rápido!
- O que é mais comum na sua organização?
  - Orgulho pela trajetória de sucesso.
  - Desapego pela trajetória de sucesso.
- O que é mais comum na sua organização?
  - Pular rapidamente para conclusões.
  - Suspender julgamento para criar novas opções.
- O que é mais comum na sua organização?
  - Pessoas em todos os níveis se expressam abertamente, compartilhando ideias, preocupações e *insights*.
  - Pessoas nos níveis hierárquicos mais altos se expressam e são escutados sem questionamentos.

_ 5 _
Mindset para inovação

Hoje, mais do que nunca, as comunidades dependem de uma diversidade de talentos e não de uma concepção singular de capacidade.
Ken Robinson

Momentos antes de começar a escrever este capítulo, estava em uma ligação com o vice-presidente de inovação de uma empresa automobilística discutindo um programa de desenvolvimento da competência "pensar fora da caixa". A minha proposta para o programa de 36 horas era iniciar estimulando o grupo a fazer conexões com o futuro. Recentemente, um grupo de designers do Istituto Europeo di Design desenvolveu o conceito do futuro do trabalho para 2068. Em cinquenta anos, as pessoas se organizarão em *ofisuka* (palavra que significa "escritório-casa" em japonês), que serão espaços temporários de trabalho para onde as pessoas poderão se mudar por temporadas para desenvolver projetos, obras ou empreendimentos específicos. O conceito propositalmente proporciona uma viagem ao futuro e impulsiona o pensamento de abstração. A capacidade de associar conceitos abstratos não tradicionais a estímulos não diretamente relacionados para fazer novas associações é o que chamamos de criatividade. Brincar abertamente com a imaginação, improvisar, explorar o desconhecido, ousar, romper com o *statu quo* são comportamentos essenciais para acessar a criatividade. Sem ela não se pode inovar. A primeira reação que escutei ao fazer essa proposta a ele foi: "Isso não tem nada a ver com a indústria automobilística. A indústria irá migrar para o conceito de carro como serviço!". A minha reação instantânea foi de surpresa. Foi notório o apego ao carro, à sobrevivência pessoal, inconsciente. Apego a uma crença básica: a indústria não acabaria, só mudaria o seu modelo de negócio. Sem dúvida, nesse pensamento existe inovação, porém existe também uma dose de crenças baseadas nos aprendizados realizados ao longo da vida. Exemplos como esse fazem parte do dia a dia. Acontece com qualquer pessoa, de qualquer área, em qualquer função, de qualquer indústria ou setor. É a prisão do *mindset*.

Antes de mais nada, vamos conceituar inovação. Em 1964, Peter Drucker escreveu "o consumidor raramente compra o que a empresa pensa que vende". As empresas pensam que vendem produtos ou soluções. Na verdade, o consumidor compra a solução de um problema ou compra a resposta para uma necessidade não atendida. Existem duas dimensões que definem a entrega de uma empresa: o quê (o problema que a empresa resolve), e o como (as características diferenciadas para resolver o problema). Usando essas duas dimensões, Anthony, Gilbert e Johnson (2017), em seu livro *Dual Transformation*, definem inovação a partir das capacidades centrais de uma empresa. Quando a empresa permanece utilizando as mesmas capacidades centrais e só transforma o quê, está criando uma inovação por adjacência, como a Nike. Começa o negócio com tênis de corrida e exporta as suas competências centrais para fabricar sapatos e equipamentos esportivos para outros esportes, como basquete, vôlei e golfe. A P&G, com novas categorias de produtos para serem distribuídos, pelos mesmos canais de distribuição, como produtos de limpeza e produtos de higiene pessoal. A Condor, empresa fabricantes de pincéis, tem feito suas inovações centradas na adjacência e em produtos: vassouras para limpeza, pincéis para pintura imobiliária, pincéis para pintura artística e escolar, escovas de dentes na área de higiene bucal e escovas de cabelo na área de beleza.

Quando as mudanças acontecem na dimensão do como, o processo de transformação tem dois níveis: A e B. Na transformação A, a empresa busca uma nova solução para resolver um problema já existente. Ou seja, o consumidor continua tendo o mesmo problema ou necessidade, porém a empresa o resolve com uma solução totalmente nova. Reed Hastings, fundador da Netflix, fez a transformação A quando resolveu a necessidade de assistir a filmes, que antes era por meio de DVDs ou outras mídias físicas, usando a tecnologia de *streaming*. Marc Benioff, fundador da Salesforce, que transformou o modelo de comercialização e desenvolvimento de software criando o conceito de software como serviço à medida que o acesso e a conectividade se tornaram onipresentes globalmente.

Na transformação do tipo B, a empresa busca um "como" diferente para um problema ou uma necessidade diferente. O segredo da transformação B está na identificação de um problema que um grupo significativo de consumidores precisa resolver e não resolveu porque existem barreiras relacionadas com capacidade, acesso, tempo ou riqueza. Em relação aos avanços tecnológicos na área de saúde, o equipamento de eletrocardiograma MAC 400, da GE Healthcare, na Índia, explicado por Govindarajan e Trimble (2012) no seu livro *Reverse Innovation*, serve de exemplo. O desenvolvimento desse equipamento, que pesa pouco mais de um quilo e custa menos de oitocentos dólares, criou um novo modelo de negócios para a GE. Anteriormente, esse equipamento só era acessado nos grandes centros urbanos, como Délhi e Mumbai. O desafio inicial era: como atender a uma população pobre de 700 milhões de habitantes na área rural, onde não existem hospitais, médicos ou equipamentos de eletrocardiograma disponíveis? A solução encontrada não só quebrou todos os paradigmas existentes dentro da GE como também teve de buscar capacidades de desenvolvimento, comercialização e capacitação fora das competências existentes dentro da empresa.

CONTÍNUO COGNITIVO DA INOVAÇÃO

Analisando a inovação sob a perspectiva de capacidades, pode-se dizer que existe um contínuo. De um lado, há as capacidades centrais do negócio atual, que impulsionam as inovações por adjacência. E, do outro lado, estão as capacidades centrais fundamentalmente diferentes de um novo negócio. Em termos de resolver um problema ou uma necessidade existente, podemos raciocinar da mesma forma. De um lado, temos a inovação de transformação A, que resolve o mesmo problema ou necessidade e, no outro extremo, a inovação de transformação B, que resolve um problema ou uma necessidade totalmente diferente do negócio existente e, por isso, demanda novas capacidades fundamentalmente diferentes do negócio atual.

Figura 5.1 – Contínuo cognitivo da inovação

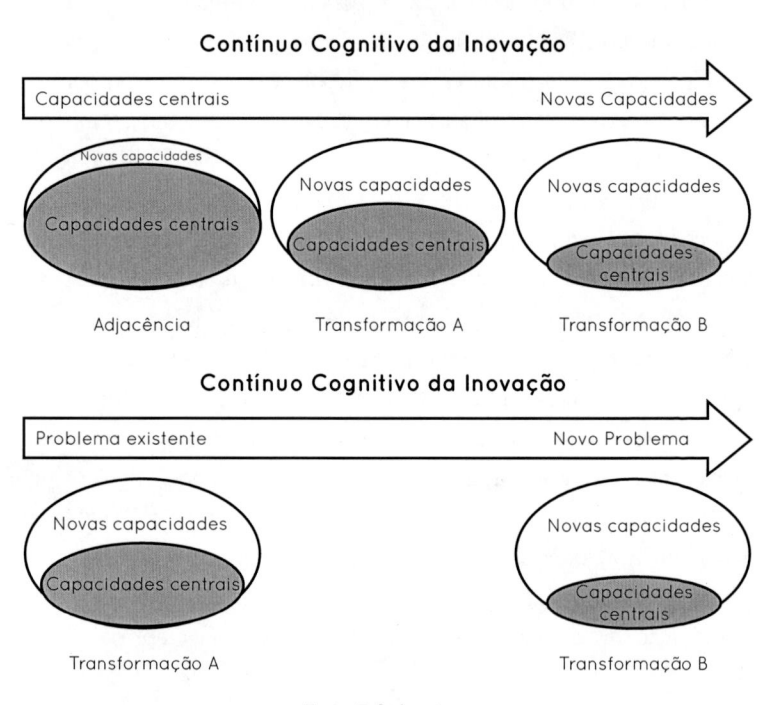

Contínuo Cognitivo da Inovação

Capacidades centrais → Novas Capacidades

- Adjacência
- Transformação A
- Transformação B

Contínuo Cognitivo da Inovação

Problema existente → Novo Problema

- Transformação A
- Transformação B

Fonte: Própria autora.

Nesse processo cognitivo da inovação, o grande desafio das empresas está no *mindset* organizacional. Com o tempo, as empresas desenvolvem regras, normas, e métricas desenhadas para perpetuar o modelo de negócio existente. Apesar da capacidade cognitiva dos seres humanos ser flexível, a cultura organizacional não é. E acaba moldando o *mindset* das pessoas centrado no modelo de negócio atual.

Quando pensamos em termos de *mindset* e comparamos com o contínuo cognitivo da inovação, podemos supor que:

1. Inovações por adjacência trabalham com predominância de *mindset* fixo (reforço de cognição/crenças existentes);
2. Inovação de transformação A trabalha com um *mix* dos dois, mas tem predominância de *mindset* de crescimento;
3. Inovação de transformação B tem predominância de *mindset* de crescimento.

Interessante essa reflexão, pois quando Anthony, Gilbert e Johnson (2017, p. 52) definem as capacidades necessárias para o tipo de inovação A, mencionam que um dos elementos comuns para se obter sucesso é

> [...] internalizar um tipo especial de talento. Por definição, pessoas que progrediram dentro das organizações desenvolveram maestria em modelos do passado. Embora pessoas inteligentes possam aprender novas abordagens, você pode encurtar o caminho para o sucesso, trazendo pessoas que já aprenderam o que é necessário para a maestria da transformação A.

Figura 5.2 – Contínuo cognitivo da inovação – capacidades

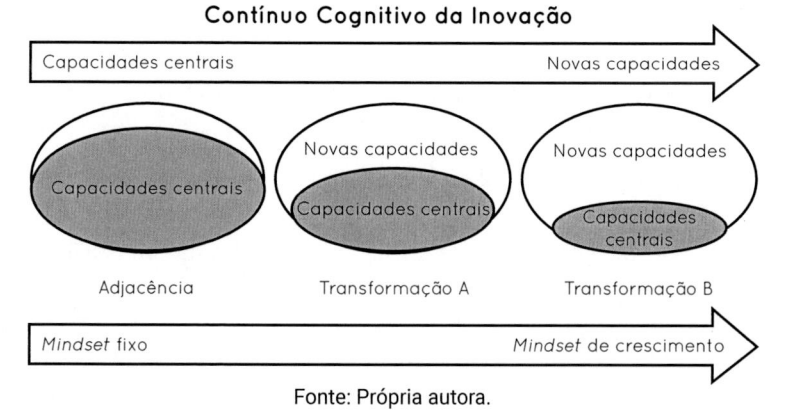

Contínuo Cognitivo da Inovação

Capacidades centrais → Novas capacidades

| Adjacência | Transformação A | Transformação B |

Mindset fixo → *Mindset* de crescimento

Fonte: Própria autora.

Sem dúvida, em termos de inovação, a transformação A já é um grande desafio para as empresas. Todavia, é na transformação B que reside o maior desafio cognitivo. Nem sempre novos problemas ou novas necessidades são evidentes, eles podem estar latentes. Nessas situações a forma como pensamos, ou o nosso *mindset*, pode ser uma grande barreira. Quando identificamos as necessidades do consumidor, tendemos a focar a dimensão da funcionalidade, que é o pensamento analítico muito mais explorado nas atividades organizacionais. Goleman (2008, p. 3) observa que "para se ter boas decisões precisamos ter sentimentos a respeito dos nossos pensamentos". Portanto, para identificar as necessidades do consumidor, é necessário um mergulho profundo no entendimento das razões emocionais que estão escondidas no inconsciente do consumidor, assim como ter consciência dos pensamentos que temos para avaliar com que tipo de *mindset* estamos trabalhando (Teco ou Tico?). Christensen (1997) define as dimensões das necessidades do consumidor em funcionais e emocionais. Na dimensão emocional existem as crenças pessoais e as crenças sociais (como sou percebido pelos outros). Apesar de essa consideração do papel das emoções e suas representações internas parecerem óbvias como direcionadores para a inovação, ela é desconsiderada na maioria dos modelos organizacionais que estão muito mais focados no processo interno do que no entendimento das mudanças de hábitos que estão acontecendo no mercado. Afinal, nos últimos trinta, quarenta anos, a capacidade desenvolvida pelas empresas nos seus colaboradores estava centrada na busca da produtividade, que é fazer melhor aquilo que já faz e sabe. Nem um pouco relacionada no desenvolvimento de capacidades de percepção e observação. Portanto, esse é o desafio que as empresas precisarão enfrentar: mudar o *mindset* organizacional para aumentar a capacidade de observação e obter novos aprendizados.

Um exercício para aprofundar o entendimento emocional pode ser feito com o uso da ferramenta dos cinco porquês, que é uma técnica interrogativa criada pela Toyota no processo de solução criativa de problemas para explorar a essência de um desafio e permitir que se chegue até a sua causa emocional.

Desafio: reduzir os acidentes corporativos durante o período de trabalho.
Por que reduzir os acidentes corporativos durante o período de trabalho?
- Para evitar que os empregados se machuquem.

Por que evitar que os empregados se machuquem?
- Para impedir que hajam causas trabalhistas.

Por que impedir que hajam causas trabalhistas?
- Para não danificar o orçamento da empresa.

Por que é preciso não danificar o orçamento da empresa?
- Porque a empresa está com as vendas baixas.

Por que as vendas estarem baixas é preocupante?
- Pode significar que não estamos tendo sucesso (emocional).

METACOGNIÇÃO, EMPATIA E O DESIGN

Portanto, pensar em como pensamos não é somente um novo aprendizado, é a ferramenta necessária para a sobrevivência em tempos de aceleração. O conceito de metacognição, que é a capacidade do indivíduo de monitorar e autorregular os próprios processos cognitivos, tem um grande impacto no entendimento do desafio em todas as dimensões definidas por Christensen (1997). Ou seja, significa pensar sobre os próprios pensamentos ou questionar as suas próprias crenças. Por exemplo, quando você observa o comportamento de um consumidor ao entrar em uma loja carregando um embrulho – a observação é um pensamento de 1ª ordem. Quando você se questiona se o objeto que você viu era realmente um embrulho, está usando a cognição, que já é um pensamento de 2ª ordem. Pensamentos de 1ª ordem exprimem os momentos: "Não gosto dessa comida", "Não simpatizo com o meu chefe", "Gosto de dirigir", "Gostei deste sapato". Os de 2ª ordem acontecem quando analisamos um pensamento de 1ª ordem, como: "Tenho que parar de pensar (2ª ordem) sobre o quanto não simpatizo com meu chefe (1ª ordem)". "Não sei por que (2ª ordem) esse inquilino me irrita tanto (1ª ordem)". Os pensamentos de 3ª ordem já envolvem ter consciência sobre o estado mental que os outros têm sobre os nossos estados mentais. "Tenho certeza (3ª ordem) de que meu chefe sabe (2ª ordem) que eu não simpatizo com ele (1ª ordem)". Por último, temos o quarto nível de pensamento. Pensar naquilo que alguém pensaria se estivesse naquela posição ou executando aquela tarefa. Por exemplo, se eu tivesse que encontrar alguém que é apaixonado por artes assim como eu e que estivesse indo para São Paulo sem especificar o local do encontro, pensaria (4ª ordem) o que a outra pessoa teria esperado (3ª ordem) que eu pensasse (2ª ordem) que seria a sua primeira visita a cidade São Paulo (1ª ordem). Ambos teríamos chegado provavelmente ao Masp, na avenida Paulista, usando a habilidade humana de pensar naquilo que outro teria pensado.

Os pensamentos que orientam os processos de inovação trabalham intensamente com a metacognição, especialmente nas inovações de transformação, em que a capacidade de observação e o entendimento das necessidades não atendidas definem os desafios que deverão ser endereçados. Pesquisas desde a década de 1990 descobriram que, quando alguém observa a ação de outra pessoa, as mesmas áreas do cérebro são ativadas como se o observador estivesse efetivamente agindo. As células que executam essa função se chamam células-espelho. É o que acontece no cérebro quando temos empatia, processo que é involuntário, mas sofre o impacto do que está arquivado no cérebro do observador. Por exemplo, quando o observador vê alguém chorar, um sinal é enviado para a região límbica do seu cérebro, que irá recuperar as suas emoções associadas com o chorar, inconscientemente.

Um processo de *design thinking*, da fase exploratória inicial da coleta de dados, a formulação do desafio, a ideação da solução até a fase de prototipação e teste, requer pensamentos de 2ª, 3ª e 4ª ordem. A aplicação de ferramentas como o mapa mental, o mapa de empatia, a jornada do consumidor, o mapa de *stakeholders*, Scamper, as analogias, as metáforas e o *storyboard* auxilia a minimizar o impacto do *mindset*. Porém, dependendo da formação do time (grau de diversidade), os resultados podem ficar distorcidos. Times homogêneos tendem a pensar da mesma maneira, e provavelmente irão ativar e recuperar memórias semelhantes, analisando a coleta de dados inconscientemente do mesmo modo. Dentro dessa perspectiva, questionar aquilo que o grupo pensa – metacognição – é irrelevante, já que todos pensam igual. Ou seja, no processo de espelhar ou criar empatia com o consumidor, as pessoas tenderão a dar foco naquilo que está arquivado na sua memória inconsciente. A diversidade das pessoas envolvidas pode minimizar o impacto do *mindset*, que gera homogeneidade.

Em um programa de design para uma empresa de óleo e gás nova, passei por um desafio que pode exemplificar essa situação. Os problemas que estavam afetando negativamente o *mix* de vendas de gasolina de alta octanagem eram: o alto crescimento da rede em uma determinada região brasileira que tinha recém-aberto inúmeros postos cujos frentistas não tinham experiência em produtos diferenciados nem primavam pela qualidade de atendimento, além da competição com o combustível comum e o etanol, que são muito mais baratos. O grupo responsável por desenvolver a solução – todos funcionários da empresa – propôs o desenvolvimento de um aplicativo para os frentistas com o objetivo de gerar competição e aumentar as vendas. Os dados de vendas seriam coletados diretamente de cada posto com as vendas realizadas por frentista. Quando o grupo foi questionado sobre quais os fatores que impediam a venda atual ou quais os problemas enfrentados ou as necessidades do frentista para a venda do produto, não houve resposta. Na cabeça do grupo, a necessidade emocional do frentista estava relacionada somente com dinheiro, que é uma motivação extrínseca. Aqui vale uma reflexão. Se depois de um ou dois meses, o frentista não conseguisse vender nenhum litro a mais da gasolina de alta octanagem, o aplicativo passaria a não existir para ele e estaria fadado ao fracasso. Será que essa era realmente a necessidade do frentista? Ou a dificuldade dos frentistas estava no tipo de consumidor que frequentava o posto? Quais eram as percepções sobre os três tipos de consumidores envolvidos nesse negócio: cliente final, dono do posto e frentista? Não houve aprofundamento nas dimensões emocionais envolvidas no problema. A solução proposta levou em consideração o que o grupo achava que era funcional, o foco na empresa e nas próprias crenças. Pensar naquilo que o outro está pensando requer pensamentos de 3ª e 4ª ordem. É difícil e dói!

Ser capaz de unir atenção, memória e ação foi descrita pelo médico psiquiatra e neurocientista David Ingvar (1985) como a capacidade de criar *memórias do futuro*. Gilkey et al. (2010) identificaram que a ativação da ínsula é fundamental nesse processo, pois é essa parte do nosso cérebro que ativa a atenção e mantém o foco. Devido à sua conexão com outras áreas neurais do cérebro que envolvem planejamento e memória, a ínsula permite a ação simultânea de pensar e agir. Outra região neural identificada por Schultz et al. (2004) foi o sulco temporal superior, responsável pela percepção do estado mental de outros, a expressão da emoção social, a cooperação, o altruísmo e a empatia. Tornar consciente a integração entre os pensamentos internos e os sentimentos com as reações dos outros *stakeholders* é o que possibilita a identificação das necessidades do consumidor ou o *Job To Be Done* (JTBD).

Em dois projetos realizados com equipes de gestores de um hospital e de uma empresa da área financeira, foi usada uma técnica de desenho para captar as mudanças de hábito do consumidor nos próximos cinco a dez anos. O objetivo do exercício era pensar em novas oportunidades de negócio. Nesse processo, os participantes de ambas as empresas foram estimulados inicialmente com exposições dialogadas sobre as tecnologias exponenciais e, na sequência, foi solicitado que discutissem e desenhassem em grupo quais seriam as necessidades do consumidor no futuro.

Mindset para inovação

Na primeira figura que foi feita pensando na área de saúde, os JTBD (necessidades do consumidor no futuro) surgiram: medicina remota, acolhimento plural e atendimento integral ou holístico. Já no segundo exemplo da área de saúde, os desenhos traziam imagens relacionadas com o que se conhece hoje como atendimento personalizado integrado, uma feira de inovação ou serviços entregues na casa do consumidor. Ou seja, além de existir a dificuldade de pensar naquilo que está pensando para entender as necessidades dos *stakeholders*, quem está envolvido na busca da inovação está preso no seu *mindset*, que é uma prisão inconsciente que requer esforço para ser superada.

Figura 5.3 – Processos neurais na inovação

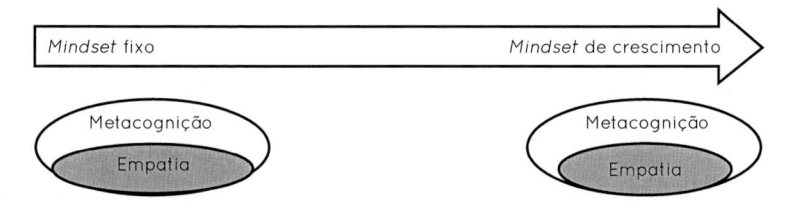

Mindset fixo	*Mindset* de crescimento
Metacognição / Empatia	Metacognição / Empatia

Fonte: Própria autora.

Quanto maior o nível de transformação desejado, maior o esforço cognitivo que a empresa terá de desenvolver. Usar a metacognição e a capacidade de empatia permeiam qualquer processo de inovação. Porém, quanto maior a necessidade de explorar mercados novos, com problemas novos (transformação B), maior a necessidade de expandir essas capacidades. Empresas que têm *mindset* fixo, têm mais dificuldades de percepção e, portanto, de gerar empatia com os *stakeholders* para identificar os problemas a serem resolvidos ou as necessidades não atendidas.

MINDSET E OS VIESES COGNITIVOS

O processo de inovação visto sob a perspectiva do *design thinking* pode ser considerado como uma prática que envolve comportamentos, ferramentas e abordagens que visam a minimizar o impacto dos vieses cognitivos. Liedtka (2015) acrescenta a construção das hipóteses como um adicional para minimizar os vieses. A autora reforça que, em um ambiente de incerteza, a experimentação é superior a uma simples análise como processo decisório. A interação com o uso de protótipos junto com o consumidor final reduz riscos e melhora os indicadores de sucesso no processo de inovação.

Revisitando a literatura dos vieses cognitivos sob a óptica da prática dos processos de inovação, Lietka (2015) identificou nove deles que podem afetar o processo. A lista e a explicação desses vieses estão descriminadas a seguir:

1. Viés de projeção: tendência de projetar o presente no futuro. Como no caso dos dois exercícios realizados no hospital e na empresa financeira, os participantes têm dificuldades de se desprenderem do presente e projetam as informações que já estão armazenadas na memória no futuro. O que podem conseguir em termos de resultado é o uso de tecnologia para resolver de maneira diferente o mesmo problema existente, levando talvez para a cópia ou para uma simples melhoria daquilo que já existe;
2. Viés da empatia: tendência de superestimar a similaridade entre o que é valor pessoal com o valor dos outros. Como mencionado anteriormente, o ser humano tem a capacidade de espelhar as emoções dos outros, porém o filtro é inconsciente. Se não houver uma reflexão sobre os próprios pensamentos, tendemos a achar que os outros pensam exatamente como pensamos;
3. Viés quente/frio: tendência de enfatizar as escolhas em cima das suas próprias emoções, impedindo o exame mais detalhado de ideias menos atrativas;

4. Ilusão de foco: tendência de superestimar determinado fator em detrimento de outro, decisão puramente emocional (Teco em ação). No processo de design esse viés pode distorcer a escolha do desafio, pois a percepção está em cima do fator que mais impacta você, e não sobre o fator que impacta o consumidor;
5. Viés do falar/fazer: tendência de perguntar ao consumidor o que ele gostaria de obter ou fazer em vez de testar protótipos. Morwitz, Steckel e Gupta (1997), em uma pesquisa com cem artigos publicados, concluíram que os consumidores não conseguem prever suas próprias mudanças de hábito;
6. A falácia do planejamento: tendência de ser excessivamente otimista em relação à aceitação de novas ideias. Segundo Kahneman (2011), mesmo que as evidências sejam ruins, podem descrever uma boa história e refrisar que a confiança que depositamos em nossas crenças são absurdas e refletem a coerência criada por nossos Tico e Teco;
7. Viés de confirmação: tendência de buscar explicações que confirmem a alternativa escolhida. Gilbert e Jones (1986) mencionam que usamos diferentes níveis de processamento de informação em consistência com as nossas preferências. Pessoas preferem buscar as informações que reforçam as suas preferências em vez de usar as informações que não reforçam. Preferimos ficar dentro da realidade social que construímos mesmo quando estamos cientes de que essa realidade só existe dentro da nossa consciência;
8. Viés da doação: tendência de se apegar pelo medo da perda em vez de buscar algo novo;
9. Viés da disponibilidade: tendência a desvalorizar opções que são percebidas como mais trabalhosas. A familiaridade de uma ideia é inversamente relacionada com a novidade, o que impulsiona a busca de ideias mais incrementais.

Figura 5.4 – *Mindset* e viéses cognitivos

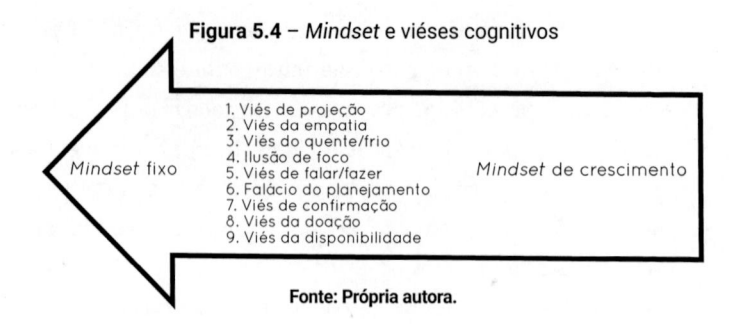

Mindset fixo
1. Viés de projeção
2. Viés da empatia
3. Viés do quente/frio
4. Ilusão de foco
5. Viés de falar/fazer
6. Falácio do planejamento
7. Viés de confirmação
8. Viés da doação
9. Viés da disponibilidade
Mindset de crescimento

Fonte: Própria autora.

Analisando a lista de vieses cognitivos, que reforçam o impacto do *mindset* no processo de inovação, pode-se dizer que, quanto mais estamos ancorados no *mindset* fixo, maior a probabilidade de trabalharmos com esses vieses. Liedtka (2015) sugere cinco ações para minimizar o impacto do Teco no processo de design:

- Aprofundar o conhecimento das preocupações e perspectivas do consumidor;
- Desenvolver a capacidade de metacognição e empatia – pensar naquilo que penso para mitigar os vieses emocionais;
- Usar times diversos e multifuncionais;
- Prototipar para mitigar o viés do falar/fazer com os consumidores;
- Evitar questionar os consumidores sobre suas preferências;
- Aprender a lidar com a simulação de hipóteses para serem testadas;
- Trabalhar com múltiplas opções para prever o futuro e evitar o excesso de confiança e otimismo;
- Usar a experimentação para aumentar o aprendizado das próprias experiências.

MINDSET E A GERAÇÃO DA INOVAÇÃO

O conceito de *explore* e *exploit*, que em português significam explorar, é um dilema que enfrentamos frequentemente quando temos que fazer opções. Ou escolhemos algo conhecido e obtemos algo similar (*exploit*), ou escolhemos algo do qual não temos muita certeza do resultado para explorar possibilidades (*explore*). O dilema *exploit* e *explore* foi estudado por diversos autores que buscavam entender como a adaptação acontecia em ambientes de aceleração e mudança. Esses pesquisadores concluíram que em ambientes com alto índice de volatilidade e incerteza é importante desenvolver novos conhecimentos enquanto se maximiza o conhecimento existente. Ou seja, é preciso maximizar o conhecimento existente ao mesmo tempo que se busca desenvolver novos conhecimentos. A capacidade de explotar (*exploit*) e explorar (*explore*) simultaneamente é conhecida como ambidestria. O'Reilly e Tushman (2011) estudaram o processo da ambidestria e reforçaram a importância de trabalhar com times e gestores que a tenham.

Ainda são poucas as pesquisas neurológicas examinando as ativações neurais que ocorrem na tomada de decisão entre *exploit* e *explore*. Laureiro-Martinez et al. (2015) correlacionaram as áreas do cérebro que estão envolvidas na ambidestria. Na função de *exploit* as áreas neurológicas envolvidas estão relacionadas com a antecipação de recompensa, enquanto no *explore* são as áreas relacionadas com o sistema de atenção que são ativadas. Pode-se dizer que cognitivamente o *exploit* usa o Teco, enquanto o *explore* usa o Tico. Além de processos cognitivos diferentes, *explore* tem um custo emocional que está associado em perder a recompensa – mudar de hábito – daquilo que se conhece para arriscar em ganhos incertos que podem doer.

Figura 5.5 – Explotação e exploração: circuito neural

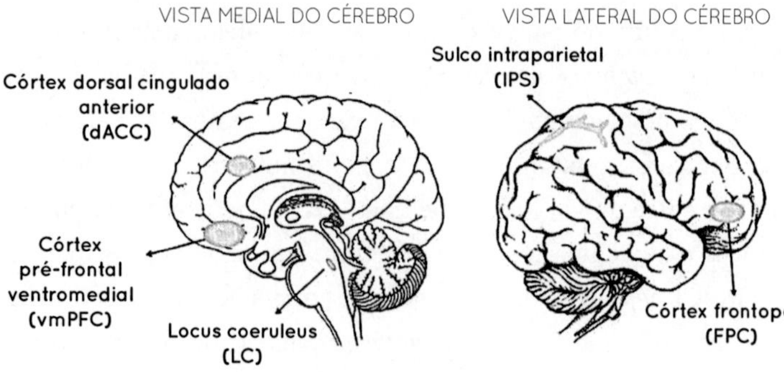

VISTA MEDIAL DO CÉREBRO   VISTA LATERAL DO CÉREBRO

Córtex dorsal cingulado anterior (dACC)

Sulco intraparietal (IPS)

Córtex pré-frontal ventromedial (vmPFC)

Locus coeruleus (LC)

Córtex frontopolar (FPC)

Fonte: <preencher>

A figura anterior representa a vista lateral e medial do cérebro no processo de *exploit* (esquerda) e *explore* (direita) (Laureiro-Martinez, 2015, p. 323). O circuito de *exploit* envolve as estruturas de comportamento relacionadas com recompensa, que liberam a dopamina no cérebro. Enquanto as áreas ativadas no *explore* envolvem as regiões bilaterais do lobo parietal e frontal, que fazem parte do circuito da atenção. Apesar de não aparecer na figura, a ínsula, parte cerebral responsável pelo processo afetivo, também é ativada no *explore*, ressaltando o papel da ínsula anterior quando se enfrenta a ansiedade e o medo ao se optar pela incerteza. As áreas do córtex pré-frontal usadas na memória executiva também ficaram ativadas no processo de *explore*.

Unindo os conhecimentos neurológicos dos dois conceitos empregados em processos de inovação, foi feito um experimento com 59 alunos do curso de graduação de inteligência artificial para verificar se o *mindset* deles impactava a geração de projetos que envolviam o conceito de *exploit* ou *explore*. Os projetos que usassem aplicações existentes com pequenas alterações foram considerados como *exploit*, enquanto os projetos que trouxessem aplicações novas, com poucas aplicações, foram considerados como *explore*. Ao final do semestre, os alunos foram avaliados segundo o critério de clareza na apresentação do projeto, retenção de conhecimento e domínio do conteúdo apresentado. Os resultados da pesquisa são apresentados a seguir.

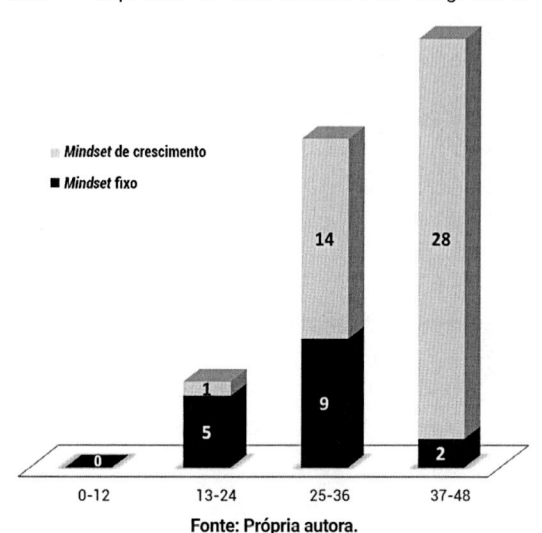

Gráfico 5.1 – Pesquisa de *mindset* em alunos de inteligência artificial

Mindset de crescimento
Mindset fixo

Fonte: Própria autora.

Agrupamos o *mindset* dos alunos em quatro níveis. Nível 1 (de 0 a 12) – alto nível de *mindset* fixo; Nível 2 (de 13 a 24) – *mindset* fixo com alguma possibilidade de estar aberto a aprender coisas novas; Nível 3 (de 25 a 36) – *mindset* de crescimento com alguma possibilidade de resistências; e Nível 4 (acima de 37) – alto nível de *mindset* de crescimento. Nenhum aluno apresentou o Nível 1. No Nível 2, foram seis alunos, sendo que cinco usaram o *exploit*. No Nível 3, tivemos 23 alunos, sendo que catorze usaram o *exploit*, e nove o *explore*. No Nível 4, foram trinta alunos, sendo que 28 usaram o *explore*, e somente dois o *exploit*. Os resultados obtidos com a pesquisa confirmaram as hipóteses discutidas. Quanto maior o nível de *mindset* de crescimento, maior a capacidade de gerar inovação. As pequenas distorções que ocorrem quando se pesquisa o *mindset* estão relacionadas com o emocional envolvido. Alguns podem se sentir ameaçados e, por isso, não conseguem imaginar, como é o caso dos dois alunos no Nível 4. Ou do aluno no Nível 2 que pode não ter entendido ou não ter levado a sério a pesquisa.

Por outro lado, as notas finais dos alunos não acompanharam o modelo de *mindset*. Os alunos que tiveram as melhores notas foram os que trabalharam com os projetos de *exploit*. Os critérios de aferição de aprendizado não favorecem o esforço dos alunos que trabalharam com inovação. O tempo para desenvolver inovação é muito restrito.

RESUMO

> ➤ Existe um contínuo da inovação. De um lado, estão as capacidades centrais do negócio e; do outro lado, as capacidades novas de um novo negócio;
> ➤ Inovações por adjacência trabalham com predominância de *mindset* fixo;
> ➤ Inovação de transformação A trabalha com um *mix* dos dois *mindsets,* mas tem predominância de *mindset* de crescimento;
> ➤ Inovação de transformação B tem predominância de *mindset* de crescimento;
> ➤ Para tomar boas decisões, precisamos ter sentimentos a respeito dos nossos pensamentos;
> ➤ Os pensamentos que orientam os processos de inovação trabalham intensamente com a metacognição;
> ➤ Quando alguém observa a ação de outra pessoa, as mesmas áreas do cérebro são ativadas como se o observador estivesse efetivamente agindo;
> ➤ A ínsula é a parte do cérebro responsável pela percepção do estado mental dos outros, a expressão da emoção social, a coo-

peração, o altruísmo e a empatia;
- Quanto maior a necessidade de se explorar mercados novos, com problemas novos (transformação B), maior a necessidade de se expandir as capacidades da empatia e da metacognição;
- Quanto mais ancorados no *mindset* fixo, maior a probabilidade de ocorrerem vieses cognitivos;
- *Exploit* ativa as áreas neurais relacionadas com a recompensa;
- *Expore* ativa as áreas de atenção;
- Indivíduos com *mindset* fixo trabalham com *exploit*;
- Indivíduos com *mindset* de crescimento trabalham com *explore*.

QUESTÕES PARA REFLEXÃO

- Em um mundo cada vez mais volátil, complexo, incerto e ambíguo, como você irá se reinventar continuamente para enfrentar os futuros desafios profissionais e pessoais?
- Como adequar a sua função atual para criar a cultura adequada que abraça o *mindset* de crescimento?
- Como identificar os liderados de *mindset* de crescimento e incentivá-los no processo de aprendizado contínuo?
- Como alinhar o *mindset* da sua equipe para que os níveis de inovação transformacional sejam atingidos?
- Como identificar os *mindsets* individuais dos colaboradores para que eles se sintam confortáveis e produtivos nas funções em que atuam?
- Como alavancar o *mindset* do seu grupo de liderados para fazer a inovação florescer dentro da sua área?

– 6 –
O que podemos concluir?

Assim como somos a maioria do tempo razoáveis, convincentes, focados e perspicazes, podemos também ser ilógicos, emocionais, irracionais, desligados e escandalosamente hipócritas.
Ted Cadsby

Quando comecei a me interessar pela neurociência, o meu propósito era claro. Queria ter argumentos suficientes para responder a duas perguntas: por que é tão difícil inovar? Quais são as barreiras que impedem as empresas de acelerarem a sua transformação? À medida que avancei nos estudos e nas pesquisas, descobri que a complexidade do nosso cérebro era muito maior do que a minha capacidade de obter respostas no curto prazo. Consegui agrupar informações que dão direções de novas possibilidades para o entendimento do impacto das nossas crenças, que em sua maioria são inconscientes, no desenvolvimento da inovação. Porém o horizonte pela frente é incrivelmente vasto e com muitos caminhos a serem percorridos.

O cérebro humano é o resultado de um processo evolucionista de milhões de anos. Trazemos na nossa essência um cérebro ancestral que possui reações fisiológicas e neurológicas que são moldadas pela interação social e pelo contexto no qual crescemos e evoluímos. O fator emocional relacionado com a sobrevivência tem um impacto preponderante nas escolhas individuais. O mecanismo neurológico da ameaça e recompensa governa em grande parte o comportamento humano. Sempre que nos sentimos ameaçados por um fato real ou por uma percepção (pensamento interno), o sistema límbico – parte do nosso cérebro ancestral – entra em ação. Essa reação imediata de atacar, fugir ou congelar é uma resposta emocional de defesa entranhada inconscientemente no nosso cérebro e que drena a produtividade humana, pois consome grandes volumes de oxigênio e glicose provenientes do sangue.

Graças à neurociência, já se sabe que o cérebro tem neuroplasticidade, ou seja, possui a capacidade de produzir neurônios até o fim da existência humana se continuar ativo. Conexões neurais podem ser restauradas, novos comportamentos podem ser aprendidos e novos talentos podem ser desenvolvidos. Essa capacidade é o que permite ao ser humano fazer novas cognições. Desenvolver novas habilidades ou dar um novo significado para as crenças que estão instaladas. Todavia, para que isso aconteça, é preciso ter consciência das crenças instaladas. Ter práticas regulares por meio das quais as pessoas observem seus padrões de comportamento e fundamentalmente de pensamento e sentimento, para que o autoconhecimento possa, ao longo de um processo, ajudar na transformação individual. Esse processo só acontece quando o ser humano está em estado de atenção.

Como o cérebro é um órgão que se molda em função da história de vida e do contexto, a organização tem um papel importante no processo de construção de crenças. Um dos achados iniciais da pesquisa embrionária que foi realizada é que a cultura organizacional tende a moldar o *mindset* das pessoas. Estudos sobre a natureza social do cérebro, conduzidos por David Rock, constatam que cinco aspectos organizacionais influenciam nessa moldagem: o status, a certeza, a autonomia, a sociabilidade e a justiça. Organizações que desenvolvem culturas controladas e voltadas para a operação tendem a impulsionar o *mindset* fixo, enquanto as organizações mais flexíveis e com olhar para o mercado tendem a desenvolver o mindset de crescimento.

Um parêntese importante nesta reflexão final é o contexto em que vivemos. Cada vez mais, o anormal se torna normal. O mundo VUCA está repleto de incertezas, complexidade, vulnerabilidade e ambiguidade. Para cada um desses fatores, as organizações precisarão responder de forma inovadora. E, para isso, as pessoas dentro das instituições precisam usar suas capacidades superiores. Desse modo, surge um grande paradoxo: ser rápido e produtivo ou ser inovador? Quando o ser humano está diante de uma situação conhecida, seu cérebro entra no piloto automático, usando as conexões neurais já estabelecidas. Usar conexões conhecidas não requer o uso de oxigênio, portanto o indivíduo consegue fazer mais de uma tarefa ao mesmo tempo que não consome oxigênio. Quando o cérebro registra a necessidade de inovar, ela aparece na forma de erro: insegurança, incerteza, ameaça, sobrevivência. Saiu da rotina. Precisa de uma nova solução. Se o impulso externo gerar interesse e atenção, o cérebro entende como uma ameaça controlada. Irá produzir níveis de adrenalina e dopamina que acionarão as áreas do córtex pré-frontal que consome oxigênio. Essa reação é bioquímica e irá depender de uma escolha pessoal. Apesar do contexto organizacional moldar os pensamentos das pessoas, a decisão de inovar e criar depende da produção de neurotransmissores, que é uma escolha pessoal.

Por essa razão, pode-se dizer que os padrões de comportamento das pessoas dentro e fora do ambiente organizacional, especialmente com relação ao erro ou ao fracasso, apresentam diferenças. Pessoas com mais traços de *mindset* fixo tendem a focar mais o resultado e atribuem o erro à falta de habilidade. Além disso, acreditam que o esforço representa uma incapacidade pessoal. Por outro lado, as pessoas que apresentam mais traços de *mindset* de crescimento tendem a focar objetivos de aprendizagem que possibilitem aumentar o conhecimento. Portanto, para essas pessoas, o esforço é a maneira de os tornar mais inteligentes, e o erro é uma oportunidade para se desenvolverem. Esses dois tipos de comportamento têm caminhos neurológicos diferentes no cérebro. O primeiro aciona o sistema da ameaça, enquanto o segundo promove a cognição e usa o sistema da atenção.

As crenças pessoais são dinâmicas e podem variar com o tempo. O engajamento cognitivo, que usa o circuito da atenção, influencia o nível de inteligência ou as habilidades pessoais. E está relacionado com a produção de conhecimento, que vai além do superficial. Essa forma de absorver novos conhecimentos integra novas informações aos conhecimentos existentes, criando conexões entre vários assuntos e permitindo que se aprofunde o entendimento daquilo que está sendo estudado. Isso confirma experiências realizadas por David Rock, que menciona que novas cognições são realizadas na área da memória de trabalho e requerem AGES: atenção, geração (que são as conexões neuronais realizadas com as memórias existentes), emoção e espaçamento.

A capacidade de inovar individualmente ou de uma organização está relacionada com a capacidade de absorver e utilizar conhecimento externo e interno para se adaptar às mudanças. Para obtê-la, é preciso ter um equilíbrio nos esforços de manter o conhecimento já existente (*exploit*) e adquirir novos conhecimentos (*explore*). Esse movimento equilibrado é chamado de ambidestria. A explotação implica refinamento, produção, eficiência, seleção, implementação e execução. Quando uma organização explota, tende a buscar mais certeza e um maior esforço de inovações incrementais. Em contrapartida, a exploração está associada a novas possibilidades. As organizações focadas em exploração demandam mais custos de experimentação, que trarão resultados no longo prazo, a busca da inovação radical, novos conhecimentos, mais incerteza e a visão de futuro.

Dos experimentos realizados com alunos de graduação da área de tecnologia, pode-se observar a influência do *mindset* na transformação do conhecimento. Alunos com traços mais acentuados de *mindset* de crescimento tendem a gerar projetos de exploração, que buscam novas tecnologias e novos mercados. Enquanto os alunos com traços mais acentuados de *mindset* fixo tendem a gerar projetos de explotação, o que fortalece a tecnologia existente para servir os clientes existentes, ou seja, geram soluções tecnológicas para atender à demanda do mercado atual.

Diante dos resultados encontrados, pondera-se que as crenças individuais tendem a ter um impacto na geração de inovação e que os

O que podemos concluir?

resultados obtidos no estudo dos alunos de graduação são indicadores de que as pessoas, sem exceção, trabalhando em organizações ou não, apresentam comportamentos e motivações diferentes conforme o seu *mindset*. Pessoas com maior intensidade de *mindset* de crescimento são mais persistentes, buscam tarefas mais desafiadoras, têm mais determinação e positividade, não se intimidam com o risco e possuem mais capacidade de adaptação. Enquanto as pessoas com predominância de *mindset* fixo têm baixa iniciação e persistência, buscam tarefas mais simples, são mais defensivos, evitam o risco e têm menor grau de adaptação em situações que envolvem a incerteza.

Assim, a contribuição deste livro para o campo organizacional pode trazer reflexões importantes. Em um mundo onde os avanços tecnológicos estão mudando aceleradamente o cenário econômico, ter a capacidade de gerar projetos inovadores passa a ser uma questão relevante para as organizações. Se o quadro de colaboradores existente tiver um perfil mais aderente com o *mindset* fixo, as empresas poderão ter dificuldade de desenvolver a sua capacidade de inovação. Nesse aspecto, o inventário de *mindset* individual ou organizacional aliado à avaliação dos tipos de vieses cognitivos mais incidentes poderão ser ferramentas adicionais para o processo de transformação.

Ademais, espera-se que esse mesmo esforço de aprofundamento possa ser estendido para outros campos de estudo, setores e outras funções organizacionais, identificando as áreas que mais sentem impacto do *mindset* ou aquelas que estão mais fadadas ao impacto do viés cognitivo emocional no processo decisório. Como última reflexão, gostaria de deixar uma palavra que sintetiza o conteúdo deste livro e dá para CADA indivíduo a opção de escolha:

C – Conhecimento

A – Autoconhecimento

D – Disciplina para mudar hábitos

A – Atenção para reaprender continuamente

Bibliografia

ANTHONY, Scott D.; GILBERT, Clark G.; JOHNSON, Mark W. *Dual Transformation:* How to Reposition Today's Business While Creating the Future. Boston: Harvard Business Review Press, 2017.

BERSIN, Josh et al. 2017 Global Human Capital Trends. *Deloitte Insights.* Disponível em: <https://www2.deloitte.com/insights/us/en/focus/human-capital-trends/2017/introduction.html>. Acesso em: 20 set. 2018.

CADSBY, Ted. *Closing the Mind Gap:* Making Smarter Decisions in a Hypercomplex World. Toronto: BPS Books, 2014.

CHRISTENSEN, Clayton. *The Innovator's Dilemma:* The Revolutionary Book That Will Change the Way You Do Business. New York: Haper Collins Publisher, 1997.

DAMASIO, Antonio R. *Descartes' Error:* Emotion, Reason, and the Human Brain. New York: Penguin Books, 2005.

DEGEN, Ronald J. Brain-based Learning: the Neurological Findings About the Human Brain that Every Teacher Should Know to be Effective. *Amity Global Business Review*, v. 9, fev. 2014, p. 15-23. Disponível em: <http://connection.ebscohost.com/c/articles/94991546/brain-based-learning-neurological-findings-about-human-brain-that-every-teacher-should-know-be-effective>. Acesso em: 20 set. 2018.

DILTS, Robert B. *A brief history of logical levels*. 2014. Disponível em: <http://www.nlpu.com/Articles/LevelsSummary.htm>. Acesso em: 10 set. 2018.

DRUCKER, P. F. *Práticas de administração de empresas*. Rio de Janeiro: Fundo de Cultura, 1964.

DWECK, Carol S. *Mindset:* the New Psychology of Success. New York: Random House, 2008.

EBBINGHAUS, Hermann. *Memory*: a Contribution to Experimental Psychology. New York: Teachers College, Columbia University, 1913.

Csikszentmihalyi, Mihaly. *Flow:* The Psychology of Optimal Experience. New York: Harper Perennial, 1990.

EHRLINGER, J.; DWECK, Carol S. *Attention and Overconfidence:* the Role of Implicit Theories. Unpublished manuscript. California: Stanford University, 2007.

EVANS, Jonathan St. B. T. *Thinking Twice:* Two Minds in One Brain. Oxford: Oxford University Press, 2010.

FRIEDMAN, Thomas L . *O mundo é plano:* uma breve história do século XXI. Rio de Janeiro: Editora Objetiva, 2005.

_____. *Thank You for Being Late:* An Optimist's Guide to Thriving in the Age of Accelerations. New York: Farrar, Straus and Giroux, 2016.

GAZZANIGA, Michael S. *Who's in Charge?* Free Will and the Science of the Brain. London: Ecco Press, 2011.

GILBERT, Daniel T. JONES, Edward E. Perceiver-induced constraint: Interpretations of self-generated reality. *Journal of Personality and Social Psychology*, v. 50, n. 2, 1986, p. 269-280. Disponível em: <https://psycnet.apa.org/record/1986-14460-001>. Acesso em: 25 ago. 2018.

GILKEY, R.; CÁCEDA, R,. KILTS, C. (2010). *Strategy and Execution:* When Emotional Reasoning Trumps IQ. Harvard Business Review. Disponível em: <https://www.researchgate.net/profile/Ricardo_Caceda/publication/46168699_When_Emotional_Reasoning_Trumps_IQ/links/02e7e53585a4feba85000000.pdf>. Acesso em: 21 fev. 2019.

GOLEMAN, Daniel P. *The Brain and Emotional Intelligence:* New Insights. Northampton: More than Sound, 2011.

GOLEMAN, D. ; BOYATZIS, R. Social Intelligence and the Biology of Leadership. *Harvard Business Review*, p. 2-8, September 2008.

GOVINDARAJAN, Vijay. *A estratégia das 3 caixas:* um modelo para fazer a inovação acontecer. São Paulo: HSM, 2016.

_____; TRIMBLE, Cris. *Reverse Innovation:* Create Far from Home, Win Everywhere. Boston: Harvard Business Review Press, 2012.

HEDDEN, Trey et al. Cultural Influences on Neural Substrates of Attentional Control. *Psychological Science*, v. 19, n. 1, jan. 2008, p. 12-16. Disponível em: <https://journals.sagepub.com/doi/abs/10.1111/j.1467-9280.2008.02038.x>. Acesso em: 20 ago. 2018.

HERCULANO-HOUZEL, Suzana. *O cérebro nosso de cada dia:* descobertas da neurociência sobre a vida cotidiana. Rio de Janeiro: Vieira&Lent, 2002.

HERRMANN, Ned. *The creative brain.* New York: Brain Books, 1990.

INESI, M. E, et al. Power and Choice: Their Dynamic Interplay in Quenching the Thirsty for Personal Control. *Psychological Science*, v. 22, n. 8, 2011, p. 1042-1048. Disponível em: <https://psychology.columbia.edu/sites/default/files/content/3690_X16.pdf>. Acesso em: 20 ago. 2018.

INGVAR, D. H. *Memory of the Future:* An Essay on the Temporal Organization of Conscious Awareness. Human Neurobiology, v. 4, n. 3, p. 127-136. Disponível em: <https://www.ncbi.nlm.nih.gov/pubmed/3905726/>. Acesso em: 20 ago. 2018.

KAHNEMAN, Daniel. *Thinking, fast and slow*. New York: Farrar, Straus and Giroux, 2011.

LAUREIRO-MARTÍNEZ, Daniela et al. Understanding the Exploration-Exploitation Dilemma: an fMRI Study of Attention Control and Decision-making Performance. *Strategic Management Journal*, v. 36, n. 3, mar. 2015, p. 319-338. Disponível em: <https://onlinelibrary.wiley.com/doi/full/10.1002/smj.2221>. Acesso em: ago. 2018.

LEE, W.; REEVE, J. (2011). *Self-determined. but not Nonself-Determined, Motivataion Predictis Activation in the Anterior Insula Cortex*: an fMRI Study of Personal Agency. Social Cognitive and Affective Neurocience (April 17). Doi: 10.1093/nss029.

LIEBERMAN, M. D. *Social Cognitive Neuroscience*: a Review of Core Processes. Annual Review of Psychology, 2007.

LIEDTKA, Jeanne. Perspective: Linking Design Thinking with Innovation Outcomes through Cognitive Bias Reduction. *The Journal of Product Innovation management*, Wiley, v. 32, n. 6, mar. 2014, p. 925-938. Disponível em: <https://onlinelibrary.wiley.com/doi/full/10.1111/jpim.12163> . Acesso em: 20 set. 2018.

MLODINOW, Leonard. *Subliminar*: como o inconsciente influencia nossas vidas. Nova York: Random House, 2012.

MOLDEN, Daniel C.; PLAKS, Jason E.; DWECK, Carol S. "Meaningful" Social Inferences: Effects of Implicit Theories on Inferential Processes. *Journal of Experimental Social Psychology*, v. 42, nov. 2006, p. 738-752. Disponível em: <https://www.researchgate.net/publication/222432737_Meaningful_social_inferences_Effects_of_implicit_theories_on_inferential_processes>. Acesso em: 20 set. 2018.

MORWITZ, Vicki G., STECKEL, Joel H., GUPTA, Alok. When Do Purchase Intentions Predict Sales?, *Marketing Science Institute*, 1997, p. 97-112. Disponível em: <http://www.msi.org/reports/when-do-purchase-intentions-predict-sales/>. Acesso em: 25 set. 2018.

MOSER, Jason S. et al. Mind Your Errors: Evidence for a Neural Mechanism Linking Growth Mind-Set to Adaptive Posterror Adjustments. *Psychological Science*, v. 22, n. 12, out. 2011, p. 1484- 1489. Disponível em: <https://cpl.psy.msu.edu/wp-content/uploads/2011/12/Moser_Schroder_Moran_et-al_Mind-your--errors-2011.pdf>. Acesso em: 20 set. 2018.

MURPHY, Mary C.; DWECK, Carol S. A Culture of Genius: How an Organization's Lay Theory Shapes People's Cognition, Affect, and Behavior. *Personality and Social Psychology Bulletin*, v. 36, n. 3, out. 2009, p. 283-296.

_____;_____. Mindset and Consumer Psychololgy: a response. *Journal of Consumer Phsycology*, Elsevier, v. 26, n. 1, jan. 2016, p. 165-175. Disponível em: <https://www.sciencedirect.com/science/article/abs/pii/S1057740815000662>. Acesso em: 10 set. 2018.

O'REILLY III, Charles A., TUSHMAN, Michael L. Organizational Ambidexterity in Action: How Managers Explore and Exploit. *California Management Review*, v. 53, n. 4, ago. 2011, p. 5-22. Disponível em: <https://journals.sagepub.com/doi/pdf/10.1525/cmr.2011.53.4.5>. Acesso em: 25 set. 2018.

RATEY, John J. *O cérebro, um guia para o usuário*: como aumentar a saúde, agilidade e longevidade de nossos cérebros através das mais recentes descobertas científicas. Rio de Janeiro: Editora Objetiva, 2002.

RATTAN, A.; GOOD, C.; DWECK, C. S. It's Ok – Not Everyone Can Be Good at Math: Instructors with Entity Theory Comfort (and Demotivate) Students. *Journal of Experimental Social Psychology*, v. 48, 2012, p. 731-737. Disponível em: <//www.scirp.org/(S(i43dyn45teexjx455qlt3d2q))/reference/ReferencesPapers.aspx?ReferenceID=1850843>. Acesso em: 25 ago. 2018.

ROCK, David. Gestão voltada para o cérebro. *HSM Management*, São Paulo: HSM, v. 13, n. 79, mar./abr. 2010, p. 60-66.

_____; RINGLEB, Al H. *Handbook of Neuroleasdership*. New York: Neuroleadership Institute, 2013.

ROBINSON, K. *Libertando o poder criativo*: a chave para o crescimento pessoal e das organizações. São Paulo: HSM, 2011

SCHULTZ, Johanes et al. Activation of the Human Superior Temporal Gyrus during Observation of Goal Attribution by Intentional Objects. Journal of Cognitive Neuroscience, v. 16, n. 10, dez. 2004, p. 1695-1705. Disponível em: <https://www.mitpressjournals.org/doi/abs/10.1162/0898929042947874>. Acesso em: 10 ago. 2018.

SLAGTER, Heleen A. et al. Mental Training Affects Distribution of Limited Brain Resources. *PLoS Biology*, v. 5, n. 6, mai. 2007, 138.E. Disponível em: <https://journals.plos.org/plosbiology/article?id=10.1371/journal.pbio.0050138>. Acesso em: 10 ago. 2018.

WILLIAMS, Kipling D.; NIDA, Steve A. Ostracism: Consequences and Coping. *Current Direction in Psychological Science*, v. 20, n. 2, abr. 2011, p. 71-75.

Psycholog, v. 58, p. 259-289 January, 2007.

Contato com a autora:
smachado@editoraevora.com.br

Este livro foi impresso pela Renovagraf em papel *Offset* 75 g.